変わった世界　変わらない日本

野口悠紀雄

講談社現代新書

2261

はじめに

日本経済が長期的な停滞から抜け出せないのは、１９８０年代以降に起きた世界経済の大きな変化に対応できていないからである。本書の目的は、その変化がいかなるものであったのか、それは日本経済にいかなる影響を与えたか、それに対して我々は何をなすべきか、などを説明することだ。

80年代に生じた変化とは、一言で言えば、市場経済モデルの復活である（第3章）。それは、社会主義経済の失敗という、誰の目にも明白な形でまず現れた（第1章）。また、ＰＣ（パソコン）やインターネットに代表される分散型情報処理技術（ＩＴ）の進歩が、市場経済の有利性をさらに高めた（第2章）。

この変化は、日本には不利な方向のものであった。日本の社会構造や組織原理と、親和性がないのである。ドイツをはじめとするヨーロッパ大陸の諸国も、うまく適合できなかった。他方で、アメリカやイギリスなど、従来から市場経済的な志向が強い国には有利に働いた。アメリカやイギリスが、90年代に空前の繁栄を実現できたのは、このためである

（第3章）。

80年代から90年代にかけて起きたいまひとつの変化は、中国をはじめとする新興国の工業化だ（第4章）。新興国で生産される安い工業製品が世界市場に溢れたため、先進国の製造業が競争力を失った。「デフレ」と言われる現象は、実際には（すべての財やサービス価格の一様な下落ではなくて）工業製品価格の低下だが、それは、新興国の工業化によってもたらされたものだ（第8章）。

どの先進国でも製造業が規模を縮小した。ただし、経済全体に対する影響は、とくに日本において大きかった。それは、製造業に代わる新しい産業が発展しなかったからである。日本の賃金が長期的な低下傾向を辿っているのは、このためだ（第8章）。

ところで、アメリカ、イギリスでの新しい経済活動の中で、先端的な金融業が重要な位置を占めている。新しい金融技術は、本来は経済の効率性を向上させるはずなのだが、投資銀行やヘッジファンドが高リスク投資にのめりこみ、これが2004年頃からアメリカ住宅価格のバブルを引き起こした（第6章）。

バブルは07年から08年にかけて崩壊し、世界経済を大混乱に陥れた。多くの人は、これを「アメリカ型経済の失敗」と捉えた。しかし、最も大きな打撃を受けたのは、実は、日本の製造業だったのである（第7章）。なぜそうしたことになったのか？　それを理解するには、アメリカのバブルと日本の経常収支黒字の関係を理解する必要がある（第5章）。経済危機に対処するため、先進国で金融が緩和された。中国では大規模な景気刺激策がとられた。これがさらにいくつかの問題を引き起こした。世界はまだその後遺症から脱却できていない（第7章）。

以上のような経緯は、日本では必ずしも正確に理解されていない。世界が大きく変わってしまったことの認識がないのだ。

だから、「そのうち良くなる」「金融緩和をしたり、財政支出を増やしたり、政府が成長戦略を立てれば、良くなる」と考えている人がいまだに多い。そのため、アベノミクスのような中身のない経済政策に対して、過大な期待が生じてしまうのだ。

しかし、問題は、微調整で解決できるものではない。アベノミクスの推進者たちが言うように、期待だけで経済が変わるものではない。いくら金融緩和をしても、何も変わらない（第10章）。小手先の調整でなく、経済の基本的な仕組みを変えなければならないのだ。それは、痛みを伴うプロセスである。しかし、いつまでもそれを避けて通ることはできない。熱さましや痛み止めではなく、手術が必要なのである。

では、そのために、具体的に何をすればよいのか？　また、そのようなことは、可能なのだろうか？

これはもちろん大問題であり、本書が完全な解を与えられるわけではない。本書の役割は、そのための基本的な方向付けを示すことだ（第11章）。

本書の刊行にあたって、講談社現代新書編集部の髙月順一氏にお世話になった。御礼申し上げたい。

２０１４年２月

野口悠紀雄

目次

第10章 アベノミクスは答えにならない

第１章

経済思想が大転換した

◇◇◇◇◇◇◇◇◇◇◇◇◇

1980年代において、経済運営の基本的思想にかかわる大変化が起きた。それは、社会主義国家の消滅であり、西側諸国における新自由主義思想の広まりである。この変化は、90年代以降の世界を大きく変えてゆくこととなった。社会主義国家はなぜ崩壊したのか？　新自由主義はどう評価されるか？

1　必然だったソ連崩壊

ベルリンの壁が開く

1989年に、東西ベルリンを隔てていた壁が崩壊し、91年にはソビエト連邦が消滅した。社会主義国家が崩壊し、冷戦が終結した。第2次大戦後の世界政治を規定してきた基本的枠組みが、根底から崩れてしまったのである。

これに先立つ80年代に、ソ連の末期的状態を示す事件が、立て続けに起きた。83年9月に、ソ連領空に迷い込んだ大韓航空機を、ソ連の戦闘機が、民間機と知りつつ、十分な警告を行なわずに撃墜してしまった。ソ連は国際社会から激しい非難を浴びた。

86年4月、チェルノブイリ原子力発電所で事故が勃発した。原子炉が炉心溶融して爆発し、放射性物質が大気中に大量に撒《ま》き散らされた。その量は、広島に投下された原子爆弾の500倍と言われる。

被害の全容はいまだに明らかでないが、事故処理従事者86万人中の5万5000人が死亡し、人口5000万人のウクライナで343万人が被曝《ひばく》したという報告もある。そして、多数の幼児に甲状腺癌《がん》が発生したと言われる。

こうしたなかで、ソ連共産党の権力の座には、超高齢者が順番で居座り続けた。そして、「体制を変革するには気が遠くなるような努力が必要なので、そのままにしておいた」のである。

80年代の末には、東ヨーロッパの共産主義政権が雪崩を打って崩壊した。ポーランドでは、80年にレフ・ワレサを指導者とする自主的労働組合「連帯」が結成された。連帯は、89年6月の選挙で圧勝し、ポーランドに非共産党政権が成立した。

89年5月、ハンガリー政府は、オーストリアとの国境にあった壁を除去した。多数の東ドイツ国民がハンガリーに入り、その多くがブダペストの西ドイツ大使館に逃げ込んだ。こうして、西側世界への門が事実上開かれてしまったのである。東ドイツ各地でデモが頻発し、ついに10月、党内クーデターによって、エーリッヒ・ホーネッカーが18年間の政権の座から引きずり下ろされた。

追い詰められた東ドイツ政府は、11月9日、事前通知なしの西ベルリンへの移動を認めざるをえなくなった。数時間のうちに5万人の人々が西ベルリンになだれ込んだ。このとき、世界の歴史は劇的な転換を遂げたのである。

ソ連があっけなく崩壊する

東ヨーロッパに続いて、共産圏の中心であるソ連そのものの分裂が始まった。まず、バルト三国（バルト海沿岸のエストニア、ラトビア、リトアニア）の独立運動が激化し、1990年3月にリトアニア共和国が独立を宣言した。

これに先立って、ミハイル・ゴルバチョフが、ソ連という巨大組織の改革に挑戦していた。85年3月にソ連共産党書記長に就任した彼は、ペレストロイカ（改革）、グラスノスチ（情報公開）という手法でこれを行なおうとした。それまでの恐怖政治、秘密主義からの転換である。しかし、既得権益の厚い壁に阻まれて、改革は進展しなかった。

ゴルバチョフは、90年に大統領ポストを創設し、自ら初代ソ連大統領に就任した。これに対抗したボリス・エリツィンは、90年7月に共産党を離脱し、91年6月のロシア共和国大統領選挙で当選してロシア共和国大統領に就任した。そして、ゴルバチョフと対決した。91年8月19日、共産党保守派によるクーデターが勃発した。民衆はエリツィンを支持し、クーデターは失敗に終わった。

続いて、ソ連の中核をなすロシア、ウクライナ、ベラルーシのソ連離脱が起こった。ロシア共和国をはじめとする12の共和国によって構成される独立国家共同体（ＣＩＳ）が、12月8日に創設された。

12月25日、ゴルバチョフが大統領を辞任し、連邦を構成する共和国が主権国家として独立した。これによってソビエト連邦は消滅した。第2次大戦後の世界を二分してきた一方の頭目国家が、あっという間に消滅してしまったのだ。

巨大国家のあまりにあっけない幕切れだったので、大多数の人々（私を含む）は、このニュースに接したとき、ただ呆然《ぼうぜん》とするだけで、起こっていることの世界史的な意味を把握できなかった。

ソ連内部システムの機能不全を考えれば、ソ連崩壊は不可避だったのだが、それは、今だから言えることである。その当時、大多数の人々は、ソ連の実情を知らなかったのだ。

収容所列島だったソ連

ソ連が崩壊した根本的理由は、経済運営に完全に失敗したことだ。生産性を高められなかっただけでなく、最低限の経済活動すら維持できなくなっていたのだ。ソ連の末期、経済の生産性はマイナスになったと言われた。つまり、産出物の経済価値が投入物の価値を下回ったのである。だから、生産活動を続けるほど経済は貧しくなる。

エマニュエル・トッド『最後の転落　ソ連崩壊のシナリオ』（藤原書店、２０１３年）は、ソ連崩壊が必然であると論じた本だが、これがフランスで刊行されたのは１９７６年のことだ。この当時にこうした予見ができたのは、驚くべき慧眼《けいがん》と言わなければならない。

トッドがソ連崩壊を必然と考えた基本的理由は、計画経済の下では、本当に価値のあるものはブラックマーケットに流れてしまうことだ。つまり、需要と供給の法則は、ソ連社会においても（むしろ、そこにおいてこそ最もよく）機能したのだ。

ソ連崩壊が必然である理由として『最後の転落』が挙げるもう１つのものは、ＫＧＢ（旧ソ連国家保安委員会）など「抑圧という経済活動」を行なうために、労働力の５～10％が割かれたことだ。トッドは、これを「第四次産業」と呼んでいる。

ロシア革命後、「進歩的な人々」は社会主義を信じ、ソ連を労働者の理想国家と考えた。しかし、その実態は、恐怖政治以外の何物でもなかったのである。この当時に鉄のカーテンの向こう側で何が起こっていたかは、最近になってやっと明らかにされている。

デイヴィッド・レムニック『レーニンの墓 ソ連帝国最期の日々』（白水社、2011年）には、ソ連末期の姿が赤裸々に描かれている。石油掘削労働者は、零下40度の厳冬のなかで、掘っ立て小屋やトレーラーに住む。炭鉱労働者には、顔の石炭粉を洗い落とす石鹸がない。トルクメニスタンの幼児死亡率は西欧諸国の約10倍で、カメルーンなみだ。

車は買ったとたんに壊れ、ミネラルウオーターの瓶にはネズミの死体が浮く。住宅火災の主原因は、自然発火するテレビだ。黄色や緑色の煙が絶え間なく吐き出される製鉄の町マグニトゴルスクでは、子どもの約9割が大気汚染関連の疾患にかかる。国営農場の人々は、すし詰めのバスに乗って町に食料の買い出しに行く。

しかし、これらでさえ、極東の収容所マガダンに家畜運搬車や貨物船の船倉で送られる囚人たちの1ヵ月間の地獄の旅に比べれば、極楽に見える。強制収容所こそ、ソ連恐怖政治の中核だった。

ある地域の住民全員が、ある日突然トラックで連行され、家畜同然の扱いで貨車に詰め込まれる。彼らの行き先は、極寒の特別移住地だ。輸送途中で多数が死亡した。その状況を想像すると、身震いがし、気分が悪くなる。移住地とは、食料も家も道具も資材も、何もない地獄だ。

ノーマン・M・ネイマーク『スターリンのジェノサイド』（みすず書房、2012年）は、これらを「ジェノサイド（集団虐殺）である」と規定する。犠牲者の総数は、2600万〜4000万人とされる。想像を絶する残虐行為が、1000年前ではなく、現代世界でついこの間まで、行なわれていたのである。

このように残虐きわまりない収容所システムと、それを維持する「第四次産業」なしには、ソ連経済は成立しえなかったのだ。言い換えれば、「社会主義経済などありえない」ということが、現実の世界で実証されたのである。

2　冷戦後の世界をリードするのは日独か米英か？

アメリカにとって最悪の時代だった70〜80年代

今にして思えば、冷戦とは、軍事力の対決ではなく、経済力の勝負だった。あるいは、体制そのものの対決だった。冷戦が終了して、1990年代はアメリカの時代となった。

とは言っても、90年代の初めの時点でこれが予測できたわけではなかった。まず、「90年代後半になるまでは、アメリカの時代ではなかった」ことを見ておく必要がある。

70年代のアメリカは、経済面でも政治面でも、最悪の時期を経験していた。ベトナム戦争の悲惨な体験はアメリカ人の心に深い傷を残し、人々はその後遺症から脱却できないでいた。さらに、ウオーターゲイト事件による政治不信も加わり、社会は荒廃し、人々は自信を失っていた。

経済面では、アメリカは、70年代石油ショックの後遺症によるスタグフレーション（経済活動が停滞しているにもかかわらず、インフレが進む現象）に長期間悩まされた。この状況は、80年代になっても変わらなかった。

経済はいつになってもスタグフレーションから脱却できない。経済学では現実の問題を解決できないと、多くの人が考えるようになった。このままでは、アメリカは二流国家に転落してしまうという恐れを、多くのアメリカ人が実感として持っていた。「われわれの子孫は、われわれと同じように豊かな生活はできないだろう」と、多くのアメリカ人が感じていた。

92年の大統領選で、ビル・クリントンは、「経済こそ重要」というスローガンを掲げて当選した。しかし、この政権の発足当初、経済は依然としてはかばかしくなかった。

自動車産業は復活できず、ますます衰退していた。大型コンピュータのメーカーであるＩＢＭは、80年代の経営危機から脱却できずに苦戦していた。世界最大の企業である電話会社ＡＴ＆Ｔは、通信業の自由化に対応できず、衰退していった。

共産主義国家が破綻しても、ただちにアメリカ経済が活況を呈したわけではなかったのである。むしろ、軍事力の意味が低下したため、国際社会におけるアメリカの地位は、低下したように見えた。

イギリスでも製造業が復活したわけではない。70年代以降の世界市場では、西ドイツと日本が破竹の進撃を続けていた。それを横目で見て、「国有企業と労働組合が支配するイギリス経済に未来はない。何とかしなければ」と、多くのイギリス人が考えていた。

日本の時代が来たように思われた

冷戦後の世界をリードするのは、ドイツと並んで、日本であるように思えた。

この時期、日本国内は不動産バブルに沸いていた。日本車がアメリカ市場を席巻し、ジャパンマネーがアメリカの不動産を買いあさった。「日本はアメリカを経済的に占領してしまうのではないか」という恐怖を、多くのアメリカ人が感じていた。

ＦＲＢ（米連邦準備制度理事会）議長アラン・グリーンスパンは、回想録『波乱の時代』

図表 1-1　原油価格の推移

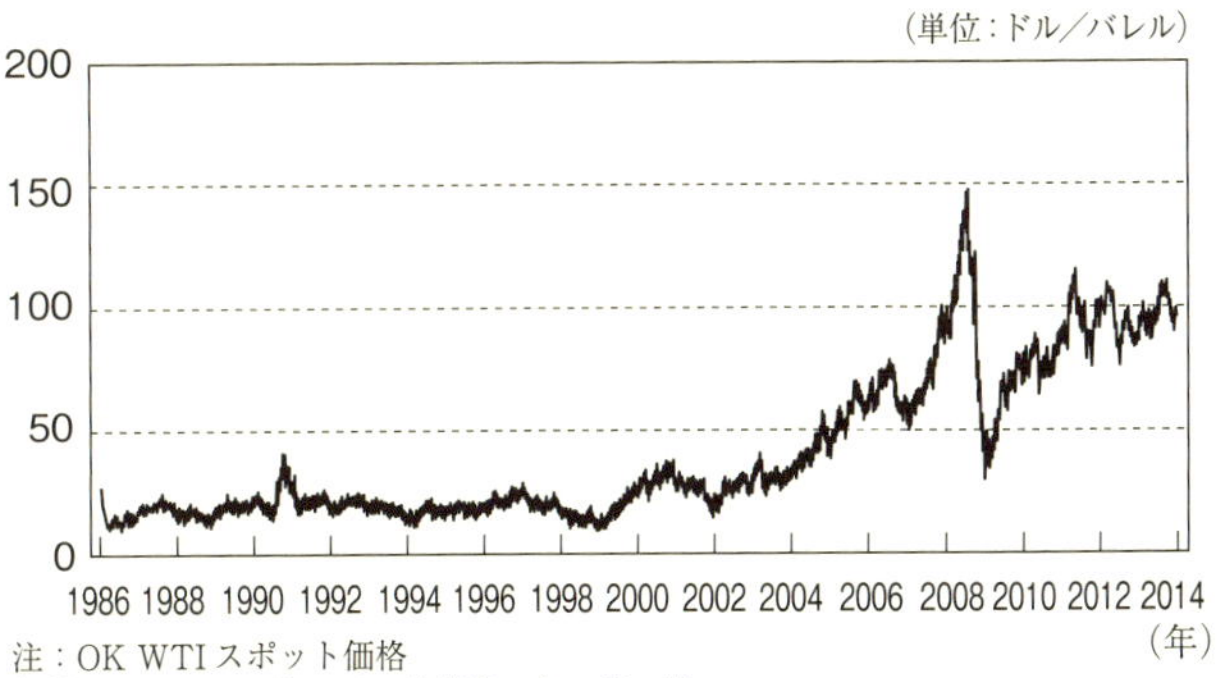

注：OK WTI スポット価格
資料：アメリカエネルギー情報省エネルギー部

（日本経済新聞出版社、２００７年）のなかで、「ソ連がアメリカより早く人工衛星のスプートニクを打ち上げて以来、アメリカがこれほど外国に負けていると恐れたことはなかった」と述べている（「外国」とは日本のこと）。

「メイド・イン・ジャパン」は粗悪品の代名詞ではなく、正確で故障しない工業製品の代名詞になった。

１９８０年代の末にまとめられた報告書『メイド・イン・アメリカ』（アメリカＭＩＴ産業生産性調査委員会のレポート）は、アメリカの製造業の衰退を止めるには、アメリカの企業が日本の企業のようにならなければならないとした。

70年代末に来日したイギリス首相のサッチャーは、ロボットが作業する工場を見てその生産性の高さに驚嘆し、「イギリスは日本に学ばなければならない」と言った。

80年代は、世界経済の環境が日本にとって好都合な時代だったのだ。なぜなら、中国工業化の影響はいまだ顕在化せず、また、原油価格も落ち着いていたからだ。70年代の末から99年の夏ごろまで、一時的な例外はあったものの、1バレル当たりの原油価格は、20ドルを超えなかった。90年代末には10ドルに近づく場合もあった（図表1－1参照）。

90年代以降、アメリカの消費者物価上昇率は年率2～3％になった。日本よりは高いものの、長期的に見ればインフレのない時代になったと言える。状況は、他の先進国でもほぼ同じだ。80年代以降、低い物価上昇率が世界の先進国で共通の現象になった。

70～80年代のインフレの時代は終わった。「グレート・モデレーション」と呼ばれたインフレなき経済成長が可能になった。金利水準も低下した。世界経済にとって、新しい時代が始まったのである。

3　サッチャーとレーガンの経済改革

サッチャーが民営化と規制緩和を進めた

イギリスとアメリカでは、マーガレット・サッチャーとロナルド・レーガンという2人の政治家が登場した。彼らは、ケインズ主義や社会主義に対する不信と不同意と嫌悪感を、明確な言葉で表明した。彼らの考えは、しばしば「新自由主義」と呼ばれる。2人の政治家のこれに対する強い信念が、人々の考え方を大きく変えた。そして、その後の実際の経済を変えていった。

サッチャーは、1979年の総選挙で保守党を大勝利に導いて首相に就任し、90年まで在任した。彼女が行なった改革は、国営企業の民営化、規制緩和、税制における所得再分配機能の緩和である。抽象的に言えば、「大きな政府」「福祉国家」「ケインズ主義」の見直し、ないしは否定である。

この改革の評価は、立場によって大きく異なる。ただし、肯定するにせよ否定するにせよ、それが現実を大きく変えたことは間違いない。だから、その内容を見ておくことは重要だ。

第1は、国営企業の民営化である。対象は、電話・石炭・エアラインなどだ。

第2は、規制緩和だ。とくに、「金融ビッグバン」に代表される大規模な金融の規制緩和が重要である。86年にロンドン証券取引所で行なわれた証券制度改革によって、取引所会員権が開放され、銀行が資本市場に参加してきた。これによってシティ(ロンドンの中心にある金融街)に外資系金融機関が進出し、厳しい競争が発生した。

サッチャーが登場する前のシティは、深刻な地盤沈下に直面していた。高い手数料を嫌って、取引はアメリカの市場に逃げ、国際金融センターとしてのシティは、消滅しかかっていた。しかし、ビッグバンによって、シティは大きく変わったのである(この詳細は、第3章の3で述べる)。

これによって、イギリスの金融業は活性化した。ロンドンの金融街の一部は、このとき新開地ドックランズ(カナリー・ワーフ)に移った。ちなみに日本の13号埋め立て地(東京・港区のお台場地区)は、これをモデルにしたものだ。

第3は税制改革だ。所得税における高率累進税制を見直し、フラット税率への移行をはかった。この改革は、単に税制を変え税率構造を変えただけでなく、税思想の面でも大きな転換だった。

イギリスがサッチャーを求めた

「サッチャーという稀有《けう》の人材が突然出現して、イギリスを変えた」と考えるよりは、「イギリスが、そのような政治的指導者を求めていた」と考えるべきだろう。

この当時、本章の冒頭で述べたような諸事件が起きたので、社会主義体制に対する幻滅は広がっていた。この体制に未来はないという事実は、隠そうとしても隠し切れない段階に達していた。

さらに、エネルギー情勢も変化していた。1980年代のイギリスにおける炭鉱労働組合争議の背後には、石炭から石油へのエネルギーの転換や、外国からの安価な石炭の輸入といった事情があった。イギリスにおける石炭生産の落ち込みは著しく、95年の生産量は79年の37・7％にまで減少した。80年代においてすでに、石炭はイギリスの有力産業ではなくなっていた。

石炭産業の労働者数も激減していたから、労働運動の中核だった炭鉱労働組合は、すでに弱体化していた。全国炭鉱労組委員長で共産主義者であるアーサー・スカーギルは、サッチャーの弾圧に対してストライキを宣言したのだが、もともと勝ち目のない戦いだったのである。

レーガンの税制改革

サッチャーの改革は、イギリスにとどまらず、全世界に大きな影響を与えた。

アメリカではレーガンによって規制緩和が進められた。とくにエアラインの緩和が重要だ。これによって、アメリカの航空産業は大きく変わった。日本でも、中曽根康弘内閣によって、日本国有鉄道と日本電信電話公社の民営化が行なわれた。

サッチャーの税制改革に影響を受けて、レーガンも数次にわたる税制改革を実施した。1990年代以降のアメリカ経済の体質強化に大きな役割を果たしたのは、86年の改革であったと評価されている。この改革では「税収中立型」の改正が行なわれた。

この背景には、優遇措置の拡大で税制が複雑で不公平なものとなっており、経済成長にも悪影響が及んでいるとの認識があった。このため、租税特別措置や各種控除を見直し、公平・簡素で経済成長を促す税制を構築することが目的とされたのである。

具体的にはつぎのことが行なわれた。所得税では、14段階であった税率を15％、28％の2段階にした。また、諸控除の廃止、縮減によって課税ベースの拡大をはかった。企業課税では、税率を引き下げた。加速度償却の縮減・合理化、投資税額控除の廃止などの租税特別措置の縮減をはかり、課税ベースを拡大させた。

アメリカ・イギリス型経済の復活

イギリスは、第2次大戦以降続いていた経済停滞から、結局は抜け出した。アメリカも、1970年代の停滞から脱却した。

90年代はアメリカが未曾有《みぞう》の繁栄を実現した黄金期だった。60年代がアメリカの黄金期であることはよく知られている。しかし、90年代は、それに比肩《ひけん》しうるような時期だったのだ。ある意味では60年代を超えていた。この詳細は、第3章で述べる。

これに対して、統一後のドイツでは、旧東ドイツ支援で手一杯だった。第5章で見るように、日本は90年代から長期的な停滞に陥った。70年代から80年代にかけて世界経済を制覇した日独という2つの国が、90年代には立ち後れるようになったのだ。

ジョージ・オーウェルは、『1984年』（ハヤカワ文庫NV8、1972年）の中で、「ビッグ・ブラザ」と呼ばれる全知全能の独裁者に支配される未来社会を描いた。しかし、現実の80年代は、それとは正反対に、経済思想も経済体制も、自由化の方向に進んだのだ。そして、第2章で述べる技術の変化が、これに拍車をかけた。

なお、80年代から90年代初めにかけての経済的な出来事としては、すでに述べたもののほかに、いくつかのものがある。

その1つは、92年の欧州連合（EU）の形成と、共通通貨ユーロ導入の準備だ（ユーロの導入は、99年1月から段階的に実施された。紙幣の流通は2002年1月1日から）。

ただし、これらがヨーロッパにプラスの影響を与えたかどうかは、疑問である。EUの前身であるEECは、農業国フランスの利益のためのものだ。ドイツは政治的な理由から、これに従わざるをえなかった。ユーロとは、ドイツに鎖をつけ、強いマルクを引きずり下ろすための装置だ。ユーロは、リーマンショック後に問題を起こすことになった（第7章の**3**参照）。

4　市場以外の経済制度はありえない

市場原理主義に対する批判は、虚構に対する攻撃

サッチャーやレーガンの経済改革を、自由主義の行き過ぎだとして否定する人も多い。とくに、格差を拡大したとの批判だ。

２００７年から08年に起きた金融危機の後では、「金融危機や経済危機を引き起こした基本的な原因は、このときの改革だ」との意見が主張されるようになった。サッチャーやレーガンの行なった規制緩和が利益追求を過度に煽《あお》り、その結果無謀な投資や投機が行なわれたという見方だ。

では、金融危機は、サッチャー、レーガンの改革のために起きたのだろうか？

金融危機そのものについては第6章で詳述するが、この問題に対する結論を先取りして言えば、イギリスとアメリカは、「進みすぎた」。そして、日本とドイツは「変わらなさすぎた」。問題は、進みすぎた側にも、変わらなかった側にもあったのだ。

この問題を考えるために最初に必要なのは、市場経済に関する誤解を解いておくことだ。誤解の典型は「市場原理主義批判」と言われるものである。「市場原理主義」が何を意味するかは必ずしも明らかでないが、こうした批判をする人は「市場経済とは何をやってもよい経済」と考えることが多いようだ。しかし、これはまったくの誤解である。

市場経済は、「何をやってもよい」という意味での自由放任を認めているわけではない。市場メカニズムとは、「一定の明示的なルールの下で各経済主体が自主的に判断する」という仕組みだ。市場経済は、ルールがないと機能しえないのである。

また、「市場原理主義者は、市場経済がすべての問題を解決すると信じている」と批判されることも多い。しかし、市場経済に賛同する人は、このようには信じていない。

サッチャーは「新自由主義」をさまざまな言葉で表現しているが、「市場を代替するものはない」（There is no alternative to market. 略してＴＩＮＡと言われる）という表現が、最も分かりやすい。

ＴＩＮＡは、「市場が完全無欠だ」とか、「市場はすべての問題を解決する万全の手段だ」などと主張しているわけではない。

「市場を代替する資源配分のメカニズムは、存在しない。少なくとも、社会主義経済や国有企業は、市場の欠陥を是正する手段にはなりえない。だから、やむをえず市場システムに依存せざるをえない」というのがＴＩＮＡの考えである。

市場経済がそもそも解決しえない問題が存在することは、もちろん認識されている。とくに、市場が実現する所得分配が望ましいと言えないことは、認識されている。また市場価格が時としてバブルを引き起こすなどの欠陥も、認識されている。

したがって、市場経済をルールや規制でコントロールし、また所得分配を矯正することが必要なのだ。「市場による経済運営を基本としたうえでそれらを行なうべきであって、市場そのものを否定することはできない」というのがＴＩＮＡの考えである。

計画経済は結局のところ機能しなかった

「市場メカニズム以外に経済を運営する仕組みがあるか？」という問題は、経済学者によって、長年にわたって議論されてきた。歴史的に見れば、１９２０年代の経済体制論争にまでさかのぼることができる。「社会主義経済がそもそも機能しうるのか？」という議論は、ソ連成立直後から行なわれていたのだ。

そこでの中心的テーマは、「社会主義国家の中央集権型計画経済は、市場メカニズムに代替しうる資源配分メカニズムになりうるか？」ということだ。

この問題に対するオーストリアの経済学者ルドウィヒ・フォン・ミーゼスの結論は、「中央集権型の社会主義経済では、合理的経済活動を行なうことはできず、必ず破綻する」というものだ。この考えは、ミーゼスの弟子であったフリードリッヒ・A・フォン・ハイエクによって、さらに深められた。とくに、経済主体間の情報の交換について、深い洞察が示された。

広大な国土に広がる経済活動のすべてを把握することなど、誰にもできない。そして、問題があっても、経済の末端から改革の要求が起こることはありえない。だから、いかに深刻な病に陥っても、コントロールできない。「社会主義経済は経済運営に必要な情報を伝達できない」ということこそ、ハイエクによる計画経済批判の中心的論点だが、まさにそのとおりのことがソ連で起きたのだ。経済を運営する仕組みは市場経済制度しかありえないことが、実証されたのである。

しばらく前に、「市場は卑怯《ひきょう》だ」と言った人が日本にいた。なんたる無理解であろう。

そして、「武士道を復活させよ」と言う。右で述べたのは資源配分の効率性からの議論であるが、公平性の観点からも、こうした意見は間違っている。

こうした意見は、公平に関する基本さえ理解していない。近代市民革命のごく初歩的な意味をさえ理解していないのだ。親の職業を継がなければならない身分社会こそが、卑怯なのだ。考えの基本が逆立ちしているのだが、日本社会では受け入れられてしまう。それどころか、歓迎されることが多い。私は、このような現状に強い危惧と憤りを持っている。

さて、本章で述べたのは、経済思想上の変化である。同じ方向への変化が技術の世界でも起こった。これについて次章で述べる。

第２章

ＩＴ革命

１９８０年代から90年代にかけて、技術体系に大きな変化が生じた。それは、ＩＴ（情報・通信技術）の登場である。これは、技術体系のみならず、経済活動全般に甚大な影響を与えた。企業の新陳代謝が進み、「21世紀型のグローバリゼーション」が始まった。ＩＴはなぜ重要なのか？　それは経済活動をどのように変えたのか？

◇◇◇◇◇◇◇◇◇◇◇◇◇

1　新しい技術ＩＴの登場

ＩＴ革命の本質は、コストの劇的な低下

ＩＴとは、情報・通信技術一般を指すのではなく、１９８０年代以降に支配的となった情報・通信技術を指す。具体的には、それまで大型コンピュータで行なっていた情報処理を、80年代以降はＰＣ（パソコン）で行なうようになったこと、そして、通信において、90年代からインターネットを活用するようになったことだ。

ＩＴがもたらす巨大な変化は、産業革命のそれに匹敵する。経済活動が大きく変わり、

世界経済の構造が大きく変わった。したがって、この変化を「ＩＴ革命」と呼ぶのは、まったく適切なことだ。

経済的な観点から見た場合のＩＴの特徴は、情報処理コストと通信コストが劇的に低下したことだ。

「ムーアの法則」と呼ばれるものが、これを考える際の手がかりになる。これは、もともとは、「集積回路上のトランジスタ数は、18ヵ月で倍増する」というものだが、それが拡大解釈され、「ＩＴでは、18ヵ月でコストが半減する」という経験則として言われるようになった。もしこのとおりになるとすれば、コストは、20年経てば１０００分の１に低下し、40年経てば１００万分の1に低下する。実際には、製品や通信のコストは半導体だけで決まるわけではないから、これほどの価格低下がすべての面で生じるわけではない。しかし、コンピュータや通信のコストに限っていえば、実際にこの程度低下した。

80年代初頭までの大型コンピュータは、価格が1億円程度した。現在のＰＣはこれより能力が高いが、10万円程度で買える。だから、能力あたりでいえば、20年間のコスト低下は、少なくとも１０００分の1ということになる。これは、拡大解釈した「ムーアの法則」そのものだ。

通信コストの低下も、劇的だ。この変化は、従来の電話型通信が回線を占用する方式であったのに対して、インターネットでは「パケット通信」と呼ばれる方式で回線を効率的に使用することによって生じたものである。その通信コストは、限界的にはほとんどゼロであり、すでに従来の通信手段の大部分を代替している。

小企業の優位性が高まった

経済の側面から見れば、ＩＴ革命とは、集中型の情報処理システムの優位性が低下して、分散型の情報処理システムの優位性が向上したことだ。分散型情報システムが進歩すると、分権型経済システムの優位性が高まる。このため、計画経済に対して市場経済の有利性が増し、大組織に対して小組織の優位性が高まる。

したがって、ＩＴが経済活動に与える影響としてまず第1に挙げられるのは、小企業の有利性が増したことだ。

大型コンピュータは高価な機械だったため、大組織しか使えなかった。このため、在庫管理や給与計算・経理計算などを自動処理できる大企業と、そろばんや筆算でしか処理できない中小企業との間には、超えられない生産性格差があった。

ところが、前述のように、ＩＴ革命によって、コンピュータのコストが劇的に低下した。かつては大企業の独占物だったコンピュータを個人でも所有できるようになった。こうして、少なくとも情報処理については、小企業が大企業と対等の立場で競争できるようになる。

これに加え、変化スピードの加速化が、小組織の相対的優位性を高める。技術進歩が急速な場合には、小回りの利く小組織のほうが、鈍重な大組織よりも効率的になるのだ。

こうして、マイクロソフト、インテル、シスコ・システムズ、アップル、グーグルなどの「新しいタイプの超優良企業」がアメリカ経済をリードするようになった。これらの企業は現在では大企業になっているが、もともとは小企業だった。そして今でも、従業員数などで見た企業規模は、GMなどの伝統的巨大企業に比べれば、ずっと小さい。

小企業が発展する半面で、大組織の優位性が低下した。この結果、AT&TやIBMのような大企業が、大量の人員整理を実施せざるをえなくなった。これを背景として、人々の働き方のパターンも大転換した。

シリコンバレーのベンチャー企業

1993年から95年ごろにかけて、「ブラウザ」と呼ばれるインターネット閲覧用のソフトが開発され、これによってインターネットの利用が爆発的に広がった。

ブラウザを提供したのは、ベンチャー企業のネットスケープ社である。同社は、95年8

月にIPO（株式公開）を行なった。設立後2年しか経っておらず、利益さえあげていなかったにもかかわらず、株価は急騰した。時価総額は、11月にはデルタ航空を上回った。この結果、同社の創設者ジム・クラークは約56億ドルを手にした。ブラウザの発明者マーク・アンドリーセンは5800万ドルの資産を得、「レンタカーを借りられるようになる前に億万長者になった」と言われた。

マイクロソフトのビル・ゲイツは、当初、インターネットを過小評価していた。しかし、すぐに考えを変えた。そして、「インターネット・エクスプローラ」というブラウザを開発し、95年に発売したウィンドウズ95に組み込んだ。こうして、ネットスケープとマイクロソフトの間で、「ブラウザ戦争」と呼ばれた死闘が繰り広げられた。

90年代後半には、シリコンバレーで、インターネット関連のベンチャー企業が多数誕生した（シリコンバレーとは、北カリフォルニアのサンフランシスコ湾に面した地域。スタンフォード大学の所在地）。これらのベンチャー企業はつぎつぎに株式公開を行ない、それらの多くに高い株価がついた。95年4月にはヤフーが設立され、96年春にIPOを行なった。このころから、シリコンバレーのお祭り騒ぎが始まった。

eコマース（インターネットを通じる商取引）が現実化し、既存のビジネスモデルに大きな影響を与えた。このため、多くの会社がインターネット関連投資に走り、IT関連企業

（「ドットコム・カンパニー」と呼ばれた）の株価が急騰した。

シリコンバレーで生じたこうした動きについては、野口悠紀雄『アメリカ型成功者の物語――ゴールドラッシュとシリコンバレー』（新潮文庫、２００９年）を参照されたい。

企業の新陳代謝が起きた

ＩＴ革命は、新しい企業に膨大なチャンスを提供した半面で、伝統的な大企業のビジネスモデルを破壊した。

１９８０年代末に刊行されたアメリカ経済再生の提言書『メイド・イン・アメリカ』は、シリコンバレーに勃興しつつあったベンチャー企業に否定的な評価を下していた。なぜなら、ベンチャー企業が既存の産業秩序を破壊すると考えられたからだ。ベンチャー企業は、モトローラなど有力企業の優秀なエンジニアを引き抜いて創業する。その結果、既存企業の技術開発力が低下する。それに対して、日本のエレクトロニクスメーカーは、終身雇用制をとっているため、優秀なエンジニアは起業せず企業に残り、腰を据えて技術開発に取り組む。「そのためにアメリカ企業が日本企業に負けてしまう」という論理だ。

同書が描いたアメリカ経済再生は、それまでの産業秩序を維持しつつ、その枠内で改善をはかって生産性を高め、それによって経済を復活させるという筋書きのものだった。一言でいえば、アメリカ企業を日本企業のようにすることだった。

しかし、その筋書きは実現しなかった。その代わりに、新しい企業が誕生し、それがIT産業という新しい産業を作ったのだ。

この半面で、古いタイプの企業が危機に瀕《ひん》した。大型コンピュータのメーカーだったIBMや、電話会社のAT&Tがとくに大きな影響を受けた。

IBMは、ビジネスモデルを大転換させて、これを乗り切った。70年代までのIBMは、大型コンピュータの生産で世界を制したメーカーであった。しかし、80年代ごろからソフトウエアの比率を高め、製造業の分野からは徐々に撤退していった。現在ではIBMは、メーカーというよりは、ソフトウエア提供企業としての性格のほうが強い。

ところで、技術的な変化に先立って、制度面の変化があったことに注意が必要だ。これは80年代の民営化の潮流のなかで起きた。世界各国で電話通信が自由化され、巨大電話会社の独占体制が終焉《しゅうえん》した。こうした制度面での変化がなければ、90年代の通信の大変化は生じなかっただろう。

イギリスでは、国営企業だったブリティッシュ・テレコムが84年に民営化され、ブリティッシュ・テレコミュニケーションズ社となった。アメリカの電話事業を独占し、従業員総数が100万人を超える史上最大の企業だったAT&Tは、84年に長距離電話会社と地域電話会社7社に分割された。日本では、84年に電気通信事業法をはじめとする電気通信改革三法が成立し、通信事業が自由化された。そして85年に電電公社がNTTとして民営化された。

2 21世紀型グローバリゼーションが始まった

海外アウトソーシング

ITがもたらした新しい経済活動として、「オンラインアウトソーシング」（「オフショアリング」とも呼ばれる）がある。これは、それまで企業内で行なっていた業務の一部を外部にアウトソース（業務委託）してしまうことだ。インターネットによって地球規模での情報伝達がほぼゼロのコストでできるようになったため、企業業務の多くを、賃金が低い国にアウトソースすることが可能となったのである。

これは、従来のものとはまったく違う、新しいタイプのグローバリゼーションだ。その世界的分業のネットワークに組み入れられた国が急成長した。第3章で見る世界経済の地殻変動は、これによって生じた。

その最初の形態は、コールセンターである。アメリカのIT関連企業は、コールセンターをアイルランドに置き、ここから欧州大陸への顧客のサービス（技術サポートや営業）を行なった。そして、アメリカ国内向けのサービス拠点も海外に置くようになった。

アイルランドの経済発展に伴って賃金が上昇したので、アイルランドでの活動は、より付加価値の高いものに移行した。具体的には、データ処理やデータ入力などの、バックオフィス的作業である。欧米の多くの企業が、バックアップ業務をアイルランドに移した。

さらに、「e－HUB」と呼ばれる高度な業務も始まった。これは、世界中に広がる工場や支店の注文・在庫確認・発送指示などの対顧客業務のコールセンターを、アイルランドに集中しようというものだ。アイルランドは、地球規模でITビジネスのハブ（中枢）になったのである。

ITで急速に発展するインド

アイルランドの賃金が上昇するにつれて、コールセンターなどの業務は、より安い賃金を求めてインドに移動することになった。

いまアメリカで企業の顧客サービスに電話をかけると、まず間違いなくインドにつながる。したがって、インド人のオペレーターと話すことになる。インド人の英語にはなまりがあるが、顧客サービス窓口の担当者には、まったくない。「アメリカ人と同じように話す」ために、厳しい訓練が行なわれているからだ。多くのアメリカ人は、国内のどこかの都市にあるコールセンターに電話していると思い込んでいるようだ。

最近では、税務、会計、法律関係の仕事をインドにオンラインでアウトソースするようになっている。インドの法律家は英語の点で問題がないし、アメリカの関係条文はすべてオンラインで入手できる。だから、仕事を進めるのに何の支障もない。アメリカの子どもたちは、インターネットを介して、インド人の家庭教師に教えられている。

物理的距離が問題でなくなった

オンラインアウトソーシングで実現しつつあるグローバリゼーションは、情報の通信を軸とする国際的な分業である。20世紀型のグローバリゼーションは、モノの生産にかかわる国際分業であった。それは、工業製品が国境を越えることだった。これに対して、オンラインアウトソーシングでは、新しい通信手段を駆使して、物理的距離と無関係に国際分業が進む。したがって、それは、20世紀型のグローバリゼーションとは異質の、「21世紀型グローバリゼーション」である。

1980年代にインドの1人当たり国内総生産は、アメリカのそれの100分の1程度でしかなかった。アウトソーシング関連の仕事に従事する人の賃金はインド平均よりはずっと高いが、それでもアメリカ国内の賃金に比べれば圧倒的に安い。多くの職種で、インドの賃金はアメリカの10分の1程度なのだ（それでも、インドの1人当たり国内総生産の10倍程度になる）。

これは、インドを豊かにしただけではない。アメリカをも変えた。アメリカ人の就業形態も大きく変わった。

保険会社やクレジットカード会社など、顧客に報告書を送付したり電話処理することが業務の大きな部分を占める業種では、業務を賃金が低い国に移すことによって、巨額の人件費削減が可能になる。企業は、業務分野に専業化するだけでなく、ルーチンワークを切り離し、事業のなかでも核になる部分に少数精鋭で特化することによって、きわめて高い利益率を実現する。

こうした動きは、世界を変えた。伝統的な大組織の力が相対的に低下し、産業革命以降継続していた組織の大規模化が逆転したのである。

3　垂直統合から水平分業へ

通信コストの低下がもたらす生産方式の変化

ＩＴによる通信コスト低下の影響は、以上にとどまらない。製造業の生産方式にも大きな影響を与えた。それは、垂直統合から水平分業への移行である。

産業革命以降、製造業においては、設計、部品の製造、組み立て、販売に至るさまざまな業務を１つの企業内で行ない、これによって生産プロセスを統一的にコントロールする動きが進んだ。これは、「垂直統合化」と呼ばれる。

垂直統合すれば、取引コストを引き下げられるだけでなく、原材料や部品を安定的に確保できるため、製品の品質を高く維持できる。また、市場を独占または寡占することにより、高い利益をあげられる。

垂直統合を進めた最初の例は、製鉄会社のカーネギー社だと言われる。製鉄工場のみならず、鉄鉱石の鉱山、炭鉱、そして鉄鉱石や石炭を輸送する鉄道に至るまで、すべての業務を1つの企業のなかで行なった。

石油会社も、垂直統合を進めた。油田の調査から始まり、掘削、採油、原油の輸送、精製などが、現在でも巨大企業の内部で行なわれている。さらにガソリンスタンドも、石油会社の系列になっている。

電話会社AT&Tも、高度に垂直統合を進めた企業だ。基礎研究所であるベル研究所、製造部門であるウェスタン・エレクトリック、そして、長距離電話事業と地域電話事業のすべてが、1つの企業によって行なわれた。

1920年代のアメリカでは、自動車会社の垂直統合が進んだ。部品の生産のみならず、タイヤや窓ガラスの生産も会社のなかに取り込んだ。とくにフォード社は、垂直統合を極限まで進めた。一時は、タイヤのゴムを生産するためにゴム園を保有したことさえあるほどだ。

日本でも、自動車産業で部品供給会社や自動車販売会社の系列化が進められた。日本の場合には、アメリカ自動車メーカーと違って部品は他社が生産するが、これらは系列の下請けメーカーであり、関係は固定的だ。

ITが引き起こした水平分業への移行

ところが、ITの進展は取引コストを低下させ、垂直統合から水平分業への変化を引き起こした。取引に必要とされる複雑な情報を低いコストで交換できるようになれば、市場を通じる分業の有利性が増すからだ。これは、製造業が水平分業するか垂直統合するかの判断に、大きな影響を与える。通信コストが下がれば、垂直統合する必要は少なくなる。

「水平分業」とは、すべての工程を1つの企業内で行なうのでなく、複数の企業が協業しあって、あたかも1つの企業のように生産活動を行なう方式である。主要部品の開発と生産、最終製品の組み立て、そして販売といった業務が、単一の企業ではなく、また資本関係のある系列企業によってでもなく、複数の独立した企業によって行なわれるのだ。

個々の会社は特定の製品に特化する。そして、組み立てを行なう企業がそれらを市場から調達する。この関係は必ずしも固定的なものではない。個々の企業は、もし条件が悪くなったら、別の会社と取引きする。

PCの生産においては、すでに水平分業化が実現している。OS（基本ソフト）におけるマイクロソフトやMPU（中央演算素子）におけるインテルは、その業務に特化している。関連する企業は、小規模で、しかも高い技術を持っている。そして、当該製品については、市場をほぼ独占していることが多い。広範囲の分野の製品を手がける日本の総合電機メーカーとは、非常に異質だ。

自動車生産も、技術的観点からすれば、「多数の部品の組み合わせで製品が作られる」という意味で、ＰＣと変わりはない。だから、原理的には水平分業に移行しうるはずだ。しかし、部品の互換性がないため、なかなか実現しない。タイヤなどの一部の部品を除けば、市場を通じる分業は広範に行なわれてはおらず、一企業内の分業、または系列子会社との固定的な分業だ。日本の自動車会社が強いのは、このためだ。

日本はＩＴに対応できなかった

日本でも、「ＩＴの活用が必要」とか「ＩＴへの投資が重要」ということはよく言われる。だが、オフィスの机の上にＰＣを揃えることだけでＩＴ化を実現したと考える人が多い。しかし、「ＩＴに対応する」とは、そうしたことではない。

問題は、組織の基幹的なシステムがどう変化するかである。ひいては、経済全体の産業構造がどう変わるかである。この観点から言えば、日本はＩＴ革命に対応して変化していない。

では、日本はなぜ新しい技術であるＩＴに対応できないのだろうか？

90年代以降の技術の性格がそれまでのものとは異質のものであるため、日本の経済社会的構造がそれに適応できないのである。

とくに問題となるのは、新しい技術を利用する経済的条件だ。日本型組織の基本的条件が新しい情報通信技術と不適合であるために、90年代以降生じた大きな技術進化の恩恵を、日本が社会全体として受けていない。つまり、技術と社会組織との関連において、問題が発生しているのだ。とくに大組織において、深刻な問題がある。この問題は、第3章と第5章で再び論じることとしたい。

第３章

市場型経済の復活

第1章と第2章で述べた変化は、市場型経済に有利な方向の変化だった。このため、アメリカ経済とイギリス経済が復活し、1990年代に大繁栄を経験した。「脱工業化」経済が実現したのである。それまでヨーロッパで最貧国だったアイルランドが、ITを利用したグローバリゼーションの進展によって、驚異的な発展を遂げた。

◇◇◇◇◇◇◇◇◇◇◇◇

1　情報システムと経済体制

大型コンピュータの時代には計画経済が有利だった

情報処理技術は、経済社会の基本構造と深いかかわりを持っている。

社会主義の計画経済は、指令システムである。すなわち、生産計画を中央の計画当局が決め、各工場に指令を発する。工場は、データは計画当局に送るものの、判断能力を持たず、決定権限もない。工場は指令を実行するだけだ。これは、コンピュータにおけるメインフレームシステム（大型コンピュータ）とその端末の関係に似ている。

これに対して、市場経済においては、経済をコントロールする中央当局は存在せず、個々の主体が独自に判断し、決定を行なう。

各経済主体がばらばらに決定を行なうと、経済全体として都合が悪い結果がもたらされると思われるかもしれない。しかし、そうしたことにはならない。なぜなら、各経済主体間の情報伝達が、価格を通じて行なわれるからだ。

経済学では、市場経済のシステムを「分権システム」と呼び、計画経済のシステムを「中央集権システム」と呼んでいる。「分権」というのは、「判断と決定が個々の経済主体にゆだねられている」という意味だ。

情報処理システムが大型コンピュータを中心とする集中型だった時代には、経済システムにおいても中央集権型が有利だった。ソ連式の計画・指令経済が、1950年代、60年代を通じて、軍事以外の分野においても優れたパフォーマンスを示したのは、偶然ではない。とりわけ、宇宙開発のように国家総力の傾注が要求される分野では、集権型経済の強さがいかんなく発揮された。

大量生産を行なう製造業の経済活動も、古いタイプの情報システムに適合していた。だから、80年代ごろまでの世界において、大組織を基本とする経済システムは、最も合理的なものだった。巨大組織の構成員は、与えられた業務を忠実かつ効率的に遂行する「組織人」になることを要請された。日本経済が世界経済のなかで優位性を発揮したのは、このためだ。

J・K・ガルブレイスは、著書『新しい産業国家』（河出書房新社、1968年）で、大企業は資本家によってではなく、経営の専門家である経営者によって運営されており、経営者は個人ではなく、専門家集団「テクノストラクチャー」になっていると論じた。

もともとは自由主義的志向が強いアメリカにおいてさえ、70年代までは、経済面では大企業による寡占化・独占化が進み、政治面では権力の連邦政府への集中化が進展した。

この時代の中心産業は、製造業、なかんずく、鉄鋼業のような重厚長大型装置産業と、自動車のような大量生産の組み立て産業であった。

アメリカに有利で日本に不利なIT

第2章で述べたように、1980年代にITへの移行が始まった。ITは、社会構造がそれに適合していないと利用しにくい。しかも、技術進歩のスピードが速いから、流動的でフレキシブルな社会組織が必要とされる。アメリカ社会は、もともとITに適した流動性の高い社会だったから、それに対応できた。

第4章で見るように、1990年代には中国が工業化したのだが、この大きな経済条件の変化に対して最も重要なことは、「中国にはできない高度の経済活動」に特化することである。アメリカ経済の変貌は、まさにそうした方向に合致したものであった。90年代における「アメリカの大繁栄」は、このような産業構造の変化に支えられたものである。

しかし、日本経済の特性とＩＴとは、さまざまな点でそぐわない。日本の経済体制は、社会主義ではないが、大企業が支配的であり、そこでの意思決定は中央集権化している。この点で、ソ連と共通のものがある。ここでは、分散的な意思決定が望ましいという考えは、なかなか受け入れられない。

60年代の高度成長期に日本が欧米にキャッチアップし、そして70年代の石油ショックに日本がうまく対応できたのは、その当時の技術が日本にとって有利なものだったからだ。80年代になって、その基礎条件が変化し始めたのである。

情報処理技術が大型コンピュータによる集中システムからＩＴ型分散システムに移行したことによって、従来は日本に有利に、アメリカに不利に作用していた情報技術上の条件が、アメリカに有利に、そして日本に不利に変化し始めたのである。

ソ連はＩＴにまったく適応できなかった

ソ連の計画経済は、さまざまな問題を抱えていた。第1の問題は、すでに述べたように、中央計画当局が認めないかぎり生産ができないことだ。しかし、その決定が経済全体の立場から見て正しいものであるという保証はない。

このことは、とくに情報処理技術に関しては、致命的だった。ソ連では、科学技術計算用のコンピュータは作ったが、コンピュータを事務用に使うという発想はなかった。とりわけ、末端組織が高い計算能力を持つのは、望ましいこととは考えられていなかった。だから、技術的には可能であっても、ソ連体制のままでは、IT時代には進めなかったはずである。

第2の問題は、全体主義的・集権的政治システムは、分散的な情報処理システムとは親和性を持っていないことだ。実際、冷戦時代に西ベルリンから東ベルリンに入る検問所で最も厳重に検査されたのは、西側の印刷物の持ち込みであった。1980年代になってファックスが使えるようになり、電話回線を通じて文書を送ることが可能になったが、ソ連ではファックスの使用は禁止された。反体制文書が出回ることを防ぐためである。

このような政治体制は、新しい情報技術の環境下では、効率が下がるだけでなく、生き延びることすらできない。社会主義国家の崩壊は、情報技術の転換とほぼ同時期に起こったのだが、これは偶然ではなく、必然だった。

2　アメリカ経済の復活

製造業の縮小と高度サービス産業の拡大

1980年代以降のアメリカで、産業構造に大きな変化が生じた。最も顕著な変化は製造業の比重が大きく低下したことである。

この状況は、図表3－1に示されている。85年から2012年の間において、総雇用者は、9751万人から1億3373万人へと、3622万人増加した。それに対応して増加したのは、サービス産業の雇用者であった。

製造業は1781万人から1191万人に、590万人減少した。他方で、専門的ビジネスサービス業が887万人から1793万人へと906万人増加した。金融業は、581万人から778万人へ197万人の増加である。

アメリカにおける製造業の比重は、それ以前から傾向的に低下していた。しかし、1970年代までは、製造業の雇用者の絶対数は増えていたのである。しかし80年代になって

図表3-1　アメリカにおける就業構造の推移

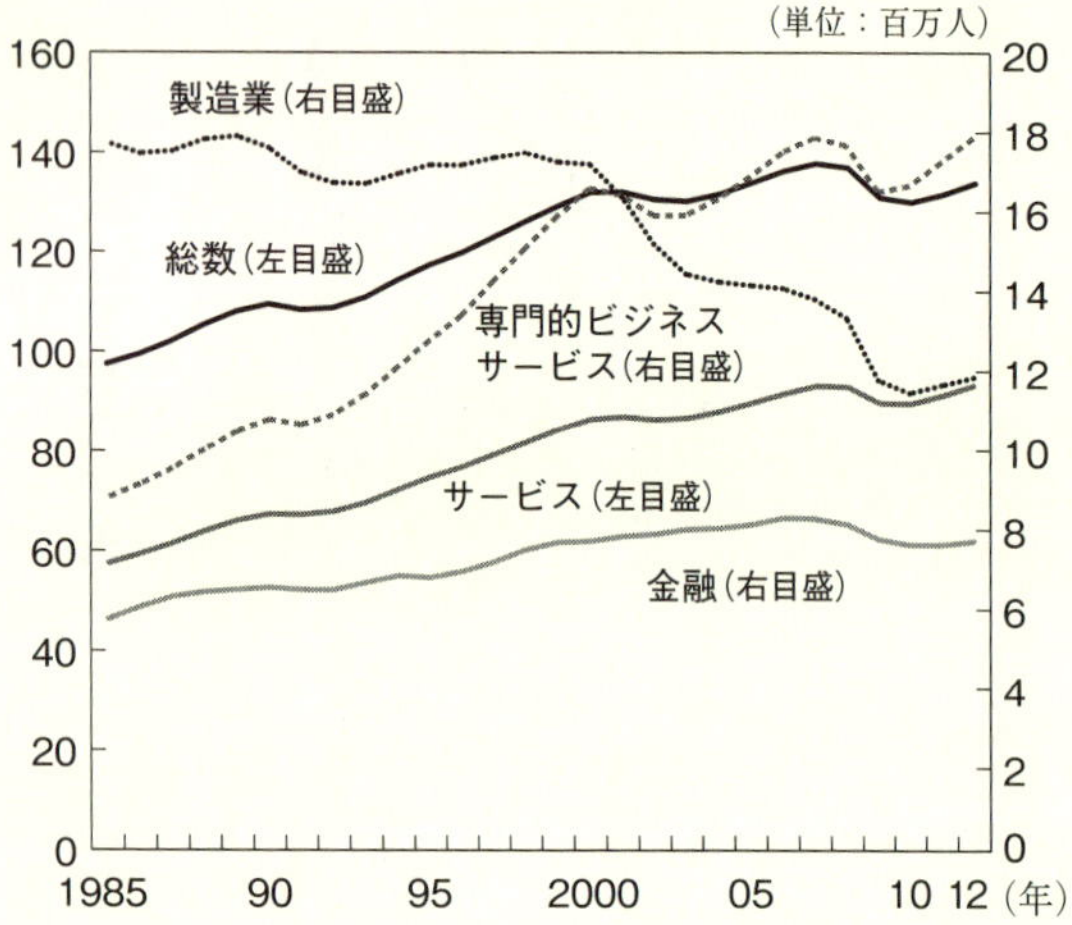

資料：アメリカ労働統計局

から、絶対数でも製造業の雇用者が減少するようになった。図表3－1でも見られるように、2000年以降は、製造業の雇用者の減少が急速なペースになった。

製造業の比重が低下する一方で、サービス産業、とくにITや金融に関連した高度なサービスが比重を高めたことに注意が必要である。

1980年代以降のアメリカ経済におけるサービス産業化の過程では、生産性の低い対人サービスが増えたのではなく、新しい技術に支えられた生産性の高い高度なサービスが増えたのである。

主要企業が入れ替わったアメリカ

アメリカでは、1990年代に企業の

大幅な交代が進み、主要企業の構成が90年代以前とは大きく異なる姿になった。マイクロソフトやシスコ・システムズなど、80年代には存在すら知られていなかった企業が、90年代以降の米経済を牽引《けんいん》したのである。

80年代の初めごろまで、アメリカの代表的な「エクセレント・カンパニー」と見なされていた企業は、AT&TとIBMであった。ところが、実際には、これらの企業が没落することで新しい経済が開かれたのである。

IBMは、大型コンピュータの分野で世界を支配していた。そして、ワトソン研究所という先端的な研究所を擁し、ここで最先端の研究を行なっていた。ところが、80年代に深刻な経営危機がIBMを襲った。同社の基幹事業であった大型コンピュータに対する需要の多くが、忽然《こつぜん》として消滅してしまったのである。それは、PCが大型コンピュータを駆逐したからだ。しかし、危機に直面したIBMは、製造業から撤退し、自らをビジネスサービスの提供者に作り変えて、劇的な復活を遂げた。IBMは生き残ったが、もはやコンピュータの製造メーカーとは言えなくなった。

同様のことがGEにも起きた。GEは総合電機メーカーから脱皮した。70年代には、GEの利益の大半は電気製造事業分野からもたらされていた。しかし、この分野の比重は低下し、利益の大半が人工材料、宇宙航空機器などの成長部門からもたらされるようになった。またサービス部門の売上高比率も上昇した。

IBMやGEがIT革命に対処できたのに対して、AT&Tは適応できなかった。AT&Tは、世界最大の電話会社で、史上空前絶後の巨大企業だった。ベル研究所はこの分野の世界最高の研究所で、半導体やレーザーを生み出した。70年代まで、「世界の未来は、AT&TとIBMによって拓かれるだろう」と誰もが考えていた。

AT&Tの業績が悪化した原因は、経営判断の誤りによって、通信自由化に伴う競争激化に対応できなかったことだと言われる。とくに大きな問題は、地域電話事業と移動電話事業(その技術は、ベル研究所で開発された)を放棄し、長距離通信事業と通信設備製造部門(ウェスタン・エレクトリック)を残したことだったとされる。

AT&Tは84年に分割され、地域電話は地域ベル7社になった。また、研究・開発部門も分離され、AT&Tは長距離電話会社となった。2004年に、SBCコミュニケーションズがAT&Tを買収した。SBCは、分割で誕生した地域会社の1つだから、子が親を吸収したわけだ。こうして、AT&Tは消滅した。企業名としては残ったが、かつてのAT&Tとは別の会社と言うべきものである。

3　イギリスの大変貌……脱工業化と金融立国

イギリスが復活した

イギリス経済は、第2次大戦以降衰退を続けた。これは、遅れて工業化した国の追い上げによるものだ。1960年代の後半から70年代にかけては、西ドイツと日本の製造業の発展が、イギリスの製造業を追い詰めるという現象が顕著に生じた。

イギリスの凋落《ちょうらく》にとどめを刺したのが、70年代の石油ショックだ。このときに経済運営を誤ったイギリスは、多くの人が回復不可能と考えたほどの惨憺《さんたん》たる状態に落ち込んだのである。90年において、イギリスの1人当たりGDP（国内総生産）は、日本のほぼ7割の水準にまで落ちた（図表3－2参照）。

しかし、イギリスは、90年代以降、劇的に復活した。2007年におけるイギリスの1人当たりGDPは4万6866ドルになったが、これは日本の3万4038ドルより約38%も高かった。このような大逆転は、イギリスが1990年代以降、15年もの長期間にわたって経済成長を続けた結果生じたものだ。

図表 3-2　1人当たり名目 GDP の推移

（単位：ドル）

年	1980	1985	1990	1995	2000	2005	2007	2010	2015
日本	9,312	11,464	25,140	42,516	37,304	35,781	34,038	42,917	42,397
アメリカ	12,576	18,232	23,914	28,763	36,450	44,224	47,964	48,294	57,080
イギリス	9,630	8,292	17,900	20,354	25,415	38,585	46,866	36,891	42,639
ドイツ	10,750	8,397	19,593	30,921	23,020	33,603	40,463	40,493	47,892
アイルランド	6,175	5,864	13,478	18,860	25,760	49,090	59,406	46,056	52,243

注：2015 年は IMF による予測
資料：IMF

イギリス経済はなぜ復活したのだろうか。サッチャー改革が大きな原因であることは間違いない。しかし、規制を緩和しても、経済をリードする産業が成長しなければ経済は活性化しない。実際、イギリスの製造業は衰退したままだ。

イギリスが復活したのは、新しいタイプの金融業の発展による。サッチャー政権は、86年に「ビッグバン」と呼ばれる大規模な金融の規制緩和策を実施した。これにより、シティに外資系金融機関が進出し、厳しい競争が発生した。イギリスの金融立国は、イギリスの伝統的な金融機関が成長して実現したのではなく、プレーヤーが交代して外国からの選手が入ってきたために実現したのだ。その結果、ロンドン市場は、目を見張るばかりに躍進した。90年代にITの活用で銀行業務の再編が行なわれたときには、金融機関がニューヨークに集中するのではないかと思われた。しかし、現実には他地域のディーリングルームがロンドンに統合され、市場が拡大した。現在、ロンドン市場の為替取引高は、世界一である。

製造業の縮小と金融業の拡大

1980年代以降のイギリスにおいて生じた「製造業の縮小と金融業の拡大」という現象は、アメリカにおける変化より、顕著に生じた。

イギリスにおける雇用者中での製造業雇用者と金融保険業の雇用者の比率を見ると、前者は70年代には30％近くあった。すなわち70年代までのイギリスでは、製造業が最も重要な産業だった。ところが、製造業の雇用者は絶対数で見ても傾向的に減少を続けた。70年代には700万人を超えていたものが、2006年には300万人を割るまでに減少した（図表3－3参照）。

言うまでもなく、イギリスは産業革命を世界で初めて実現した国である。20世紀になっても、比較的最近の時点まで、イギリスは製造業のさまざまな分野で世界をリードした。第2次大戦後のしばらくの期間、イギリスの製造業は世界の最先端にあった。商業用ジェット旅客機コメットを世界で初めて就航させたし、イギリスの自動車産業は世界をリードしていた。そうした歴史を持つ国で、製造業の比率がこのように低下してしまったのだ。

図表3-3　イギリスにおける雇用構造の推移

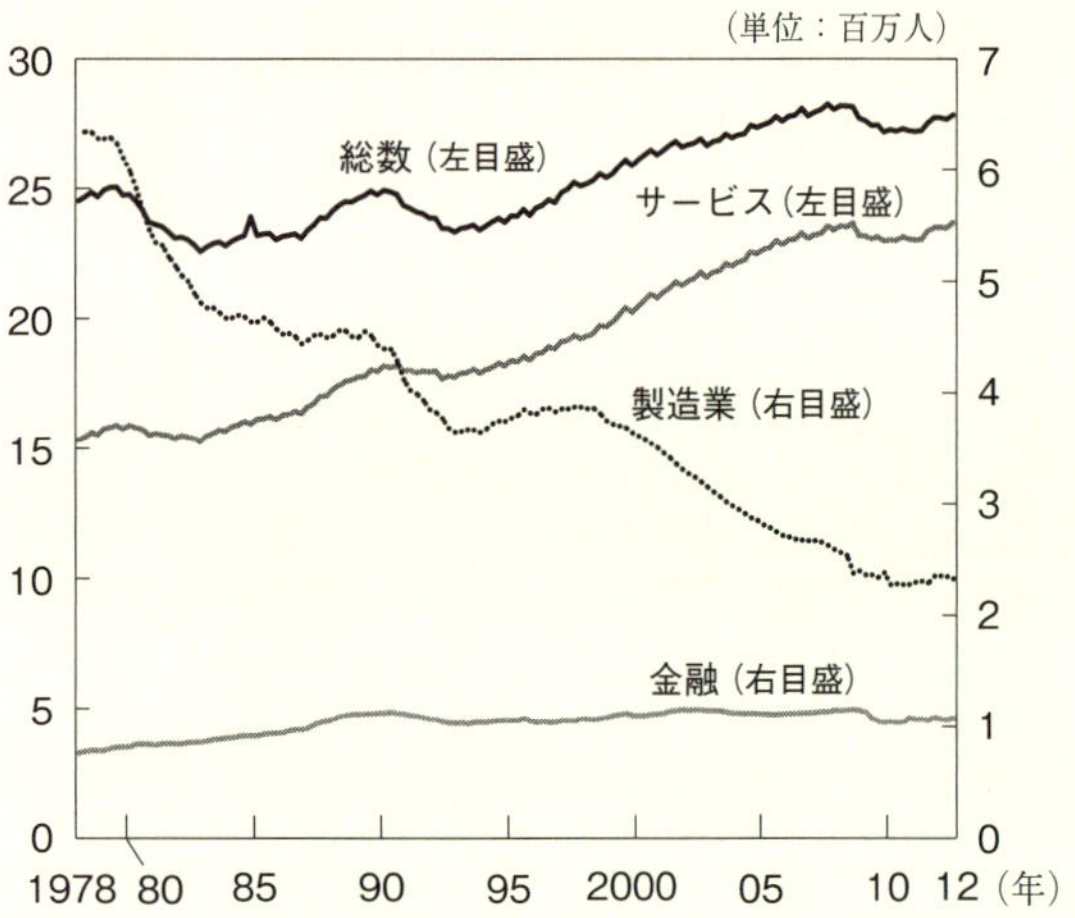

注：「金融」は、保険・年金および付帯サービスを含む。
資料：イギリス国家統計局

脱工業化が現実化した

この期間においてアメリカやイギリスで生じた現象は、経済が製造業から脱却するという「脱工業化」現象だったと解釈できる。「脱工業社会」（Post-industrial society）とは、社会学者のダニエル・ベルが1962年に提唱していた概念である（『脱工業社会の到来——社会予測の一つの試み』、ダイヤモンド社、1975年）。ベルが予言した現象が、80年代以降のアメリカやイギリスで現実に生じたのだ。

「脱工業化」とは、高度なサービス産業への移行である。それを支えるには、高度の知的活動が必要だ。そのベースには、ＩＴの進展や金融革新がある。

イギリスやアメリカの脱工業化は、けっして地に足がつかない浮ついた動きではない。

その証拠に、イギリスでもアメリカでも、大学や研究機関は継続して強かった。イギリスの製造業は没落したが、自然科学の基礎研究では、イギリスは継続して世界をリードしていた。また、経済学などの社会科学でも、イギリスは世界の最高水準を維持していた。

しかし、こうした変化は、日本で正しく認識されていなかった。逆に、「アメリカやイギリスは衰退しつつある」と捉えられていた。

ただし、脱工業化への動きは、必ずしもスムーズに進展するわけではない。第6章で述べる金融危機は、脱工業化の動きが、歯止めを失って暴走しうることを示したものだ。

4　アイルランドの驚異的な経済成長

かつて貧しかったアイルランド

アイルランドはヨーロッパで最も貧しい国だった。アイルランドの小作人は、イングランドの地主に搾取され、長いあいだ貧困にあえいでいた。産業革命から取り残された貧しい農業国の地位にとどまらざるをえなかったのである。

1840年代の「ジャガイモ飢饉《ききん》」で、アイルランドからの移民流出が加速した。現在のアイルランドの人口は460万人に満たないが、アイルランド系移民は全世界に7000万人以上もいると言われる。移民の多くはアメリカに渡った。

20世紀になっても、1980年代まで、失業率が17％前後で消費者物価上昇率は2ケタというスタグフレーションに苦しんでいた。

映画『黒水仙』で、デボラ・カー演じる主人公が、「私はアイルランドの小さな町の生まれ。恋人は夢を追い、私を置いてアメリカに行ってしまった。だから私は僧院に入った」と告白する場面がある。この映画は46年のものだが、「ジャガイモ飢饉」から100年経ったこのころでも、恋人や家族を残して極貧のアイルランドを脱出するのは、ごく普通のことだったのだ。

アメリカに渡ったアイルランド人も、底辺の生活を余儀なくされた。典型的なアイリッシュ・アメリカンとは、映画『ミリオンダラー・ベイビー』に出てくる、極貧にあえぐ主人公マギーである。『風と共に去りぬ』に描かれた南部プランテーションの成功者は、例外中の例外だ（ここに出てくる「タラ」というのは、アイルランドの聖地名である）。ボストンのケネディ家も、例外的な成功家系だ。

ITはアイルランドをケルトの虎にした

しかし、1990年代になって状況が一変した。ITが経済活動をリードするようになったために、アイルランドが活躍できる可能性が生まれたのである。世界が変わったのだ。それも、アイルランドのような国にとって有利に変わったのだ。ITが登場しなければ、アイルランドの経済成長はありえなかった。

アイルランドは、80年代の半ばから、それまで誰もが予想していなかった急激な経済成長を始めた。そして、アイルランドは、ヨーロッパで最も豊かな国の1つになった。この驚嘆すべき変化を形容するのに、「アイルランドがCeltic Tiger（ケルトの虎）に変身した」という表現がよく使われる。

2007年におけるアイルランドの1人当たりGDPは、日本の1・75倍になった（図表3－2参照）。1990年代の初めには日本の半分もなかったのだから、いかに驚天動地の変化が起きたかが分かる。

日本以外の国との比較でもそうだ。2000年以降、アイルランドの1人当たりGDPは、かつての支配国イギリスのそれより高くなった。05年、07年では、アイルランドの1

人当たりGDPは、表に挙げたどの国より高い。10年以降も、15年の予測値を含めても、アメリカを除くどの国より高い。「ヨーロッパで経済パフォーマンスが最も良好なのはドイツ」と思っている人は、図表3－2をじっくりと眺めていただきたい。

1990年代以降、かつての移民の子孫たちが、大挙してアメリカからアイルランドに「帰還」した。それは、映画『静かなる男』の主人公のような傷心の帰国ではない。アイルランドで労働力が不足し、またアイルランドがアメリカより豊かな国になったために、移民の子孫が戻ってきたのである。それに加え、東欧などからの労働力が押し寄せた。

外資企業を迎え世界に開かれた経済

アイルランドが急成長した要因として通常指摘されるのは、教育と海外からの投資である。また、歳出カットで財政の健全化をはかり、法人税率を引き下げたことも重要とされる。これは国内企業の税負担を下げるためのものではなく、海外からの投資を受け入れるためのものだ。

ただし、こうした条件があれば必ず成長できるわけではない。事実、アイルランド政府は第2次大戦以降継続して工業振興策をとっていたが、成功しなかった。教育を無料化したものの、1980年代まで大学卒業者は海外に移住してしまったのである。

90年代になって成長が始まったのは、ＩＴの進展で通信コストが大幅に低下したからである。85年のマイクロソフトをはじめとして、アメリカの多くのＩＴ関連企業がアイルランドに欧州支社を置き、そこからヨーロッパ大陸の顧客サービスを行なったのである。これがアイルランドの成長の始まりだった。その後、アイルランドはより高度なＩＴサービスに進んでいった。アイルランドは、ＩＴの世界的ハブ（中枢）になった。

80年代までの通信技術では、アイルランドからヨーロッパ大陸の顧客にサービスを提供するのは不可能だった。だから、アイルランドの成長は、ＩＴ革命によってもたらされたものだ。こうした変化があったからこそ、教育水準の高い優秀な労働力が意味を持つことになったのだ。

この結果、海外からの直接投資が大量に流入した。金融業や保険業も進出してきた。アイルランドは、あらゆる業種や事業活動において、多くの企業の欧州事業中核地となった。アイルランドでは、それまで国内産業が育っていなかったために、外資と国内企業との利害調整の必要もなかった。

こうしてアイルランドは、それまでの農業型経済から、高度な技術を駆使する国際的サービス型経済へと急速に転換した。アイルランド政府産業開発庁（IDA Ireland）は、そのホームページで、「アイルランド経済は、旧来の製造・農業型経済から、高度技術を駆使した製造・国際的サービス型経済へと転換しました」と述べている。

ただし、さまざまな問題が生じたことも事実である。2007年からは、世界金融危機の影響をまともに受けた。株価も住宅価格も急落した。また、外国からの投資も減った。

しかし、アイルランドの実現した豊かさが、まったく崩れ去ってしまうわけではない。ITが現在の経済活動にとって不可欠のものであることは間違いないから、その世界中心であるアイルランドの役割が消滅してしまうことはない。事実、図表3−2のデータは、経済危機後のアイルランドの復活を示している。

20世紀型産業国家の凋落

数年前、アイルランドの経済学者と話す機会があった。彼は、「1970年代までのアイルランドの経済的地位の低さは、その時代の産業技術の特性を考えると、当然のことだった」と言った。人口が500万人に満たない島国では、自動車産業などの製造業が発展することはとても無理だ。それは、ドイツやフランスなどの産業大国の役割だ。20世紀型の産業構造において、アイルランドが貧しい島国にとどまらざるをえなかったのは、必然的な現象だったのである。

そして、彼は、つぎのように言った。「90年代に世界が変わったのだが、その変化は、アイルランドのような国に有利な変化だった」

90年代以降目覚ましい発展を遂げたのは、アメリカ、イギリス、アイルランドだけではない。フィンランド、ノルウェーなどの北欧諸国の発展も顕著だ。これらの国は、「21世紀型グローバリゼーション」を実現しつつあるのだ。

その半面で、日本、ドイツ、フランス、イタリアなど、これまで世界経済をリードしてきた国が凋落している。これらの国は、重化学工業を中心とする産業国家だ。つまり、「20世紀型グローバリゼーション」では強かったが、「21世紀型グローバリゼーション」には対応できないのだ。

実際、1人当たりGDPの順位が下がっているのは日本だけではない。同じような産業構造のドイツの凋落ぶりも顕著だ（図表3－2を参照）。フランス、イタリアなども同様だ。これらは重化学工業を中心とする産業国家であり、20世紀におけるグローバリゼーションに強かった国だ。そして、ITを中心とする「21世紀型グローバリゼーション」にはうまく対応できないのである。もちろん、「20世紀型グローバリゼーション」は今後も重要だ。しかし、製造業の中心が今後は中国に移ってゆくことを考えると、20世紀型産業大国の前途は定かでない。

第４章

中国が工業化に成功した

１９９０年代の後半以降、中国経済の動向は、日本に大きな影響を与えるようになった。中国の工業化が成功したからである。中国経済の戦略部門はいまだに国有巨大企業によって支配されているが、新しい企業が誕生し、成長している分野もある。これらの企業は、高い技術を持ち、積極的な経営者にリードされている。

◇◇◇◇◇◇◇◇◇◇◇◇◇

1　改革開放が軌道に

改革開放前の圧政と混乱

第２次大戦以後、１９９０年代の後半以前まで、中国の存在は、日本にとってほとんど問題にならなかった。それは、49年の中華人民共和国建国以来、中国が長期間にわたって国を世界から閉ざし、国内に閉じこもっていたからである。

国内では圧政と混乱が続いた。58年、中国は「15年でイギリスを抜く」という目標を掲げて、「大躍進」政策を始めた。農民は農作業から徴発され、無益な貯水池やダム建設のために手で土を掘る作業に投げ込まれた。土法高炉《どほうこうろ》（小型溶鉱炉）で鉄を生産するため、調理器具や農具が押収された。当然の結果として農業生産は激減し、62年には空前の飢饉が全土を襲った。

フランク・ディケーター『毛沢東の大飢饉　史上最も悲惨で破壊的な人災　1958▼1962』（草思社、2011年）によると、人々は、すべての生物、および生物だったもの（死んだネズミ、屋根葺《ぶ》き用のトウモロコシの茎、革の椅子など）を食べつくしたあと、泥を食べた。そして、ついに人肉を食べた（死体を掘り起こし、さらには家族間で子どもを交換したりして）。医療体制が崩壊したにもかかわらず、伝染病で多数の死者が出なかったのは、病原菌に冒される前に餓死してしまったからだ。

これが「大躍進」の実態だった。穀物の隠匿、盗み、帳簿の改ざんなどが横行したが、これらは、計画経済下で生き延びるための手段である。それは、共産主義体制を崩壊させるのではなく、行き詰まりを防ぐ潤滑油になる。ソ連で起こったのとまったく同じことが中国でも起こったのだ。

60年代後半から70年代前半にかけては、文化大革命が中国を混乱の極に陥れた。このように、ソ連と並ぶもう1つの巨大共産国家も、ソ連と同じように瀕死《ひんし》状態にあったのだ。

社会主義経済から脱出した中国

1970年代の末、文化大革命の混乱から抜け出た中国は、新しい方向に向けて歩み始めた。

中国の工業化は、78年12月の第11期三中全会（中央委員会第三回全体会議）において鄧小平が主導した「改革開放、現代化路線」への大転換によって始まった。

鄧小平は共産主義からの脱出を望み、そのために正しい方法を使った。つまり、市場メカニズムを導入したのだ。それによって中国は、共産党独裁国家を維持することができた。共産主義を守ろうとしたソ連が共産党国家を維持できず、共産主義を否定して市場経済を導入した中国が共産党国家を維持できたというのは、まことに皮肉な結果だったというほかはない。

中国の名目GDP成長率は、70年代末から継続して10％を超えた（ただし98年から2000年を除く。また、08年も除く）。20％、30％を超えた年もあった。

中国の目覚ましい成長

中国の名目GDPは、1985年には3070億ドルだった。それが、2000年には1兆1985億ドルとなり、05年には2兆2569億ドルとなった。そして、11年には7

兆3220億ドルになった。85年に比べれば23・3倍になったことになる。この間に日本のGDPは4・3倍に増加しただけだったので、成長率の差は絶大だ。

2001年から11年の実質成長率の平均は、日本は0・7%だが、中国は10・4%である。

この結果、日本と中国の相対的な経済規模は、大きく変化した。中国のGDPは、85年には日本のそれの22・2%でしかなかった。それが、05年には49・4%になった。そして、11年には、日本の1・24倍になっている。

世界経済の中の中国の比重も高まった。全世界GDPに占める中国のGDPの比率は、07年の6・3%から11年の10・5%に上昇してた。

また、1人当たりGDPも著しく向上した。85年の中国の1人当たりGDPは290ドルで、日本の1万1464ドルの40分の1でしかなかった。それが、05年には1726ドルとなり、日本の21分の1になった。09年には3740ドルとなり、日本の11分の1となった。11年では5434ドルで、日本の8分の1だ。

中国経済成長のプロセスは、つぎの3つの特徴を持っていた。

第1は、共産党独裁政権が経済の市場化を先導したことだ。言うまでもないことだが、市場経済と共産主義は根本的に矛盾する。しかし、「それでもよい」というのが、鄧小平の考えだ。すでに1962年に、鄧小平は、「白猫でも黄猫でも、ネズミを捕る猫がよい猫だ」という有名な言葉を残している（一般には「白猫黒猫論」として知られている）。

第2は、最初から国全体の市場化を行なうのでなく、経済特区を設定し、国全体から見れば例外的な経済活動をそこで行なったことだ。79年に深圳《しんせん》、珠海、汕頭《スワトウ》、厦門《アモイ》に経済特区が設けられ、上海、天津、広州、大連などの沿岸部諸都市に経済技術開発区が設置された。ここに華僑《かきょう》や欧米資本などの外資を積極的に誘致した。

非効率な国有企業を改革

このように中国の改革開放路線への転換は1970年代末に行なわれたのだが、中国工業化の日本経済への影響が急に強まったのは、90年代中ごろである。なぜかくも長いタイムラグがあったのか？

その原因と考えられるのは、膨大な数の公的企業が経済改革にあたって大きな障害になったことだ。

中国は、公的企業改革を、市場の力を利用して行なった。まず第1に、国営企業を株式会社化して、国有企業とした。つまり、所有と経営を分離した。

第2に、90年代半ばごろから、これを民営化した。この改革は、「基幹産業の大企業は国家が所有するが、中小企業は民営化する」という方針に従って行なわれた。

大型国有企業については、90年後半以降、上場を推進した。そして、98年に、経営不振に陥っていた国有企業の破綻処理を行ない、レイオフによる人員削減を実施した。90年代の後半から2000年代の初期にかけて、数万に及ぶ国有企業が閉鎖された。約3000万人が国有企業を解雇され、民間企業に移った。

1990年代末には、国有商業銀行の不良債権が深刻な問題になった。国有商業銀行が国有企業への資金供給の責任を負っており、そして国営企業が非効率的だったことがこの原因だ。政府は、国有商業銀行に公的資金を注入し、また、金融資産管理公司を4社設立して不良債権を買い取り、処理した。

戦略産業で高い国有企業の比重

このような改革が行なわれたものの、中国経済の基幹部門・戦略部門は、現在に至るまで公的企業によって担われている。

公的企業のなかでもとりわけ重要なのが国有企業で、中国の大企業はすべて国有企業である。政府が戦略産業と見なしている分野は、国有企業によって独占、ないしはほぼ独占されている。

通信サービスは、中国電信、中国移動、中国聯合網絡通信によって支配されている。石油・天然ガスは、中国石油化工（シノペック）、中国石油天然気集団（CNPC。なお、ペトロチャイナは、この子会社）、中国海洋石油によって支配されている。

このほか、戦略産業と見なされている自動車製造、送電、建設、運輸、鉄鋼、金属の各分野が国有企業によって支配されている。

金融部門では、とくに国有企業の比重が高い。1984年に大型商業銀行（中国工商銀行、中国建設銀行、中国銀行、中国農業銀行、交通銀行）を中心とする体制が確立され、90年代末の不良債権処理と2000年からの株式会社化を経て、現在に至っている。

金融業では、1990年代の初めから現在までの間に、自由化が進んだ。現在、外資金融機関やその支店が進出している。しかし、国有商業銀行が、依然としてずばぬけて大きなシェアを持っている。

とくに、中国工商銀行、中国農業銀行、中国建設銀行、中国銀行の「4大国有商業銀行」が、圧倒的な比重を占めている。大型商業銀行の資産総額は、中国金融業全体のほぼ半分を占める。純利益や従業員数で見ても、同程度の比重である。

これらの銀行の時価総額は、きわめて大きい。銀行の株式時価総額の世界ランキングを見ると、中国工商銀行、中国建設銀行が1位、2位を占める。中国銀行、中国農業銀行もトップ10に入る。

貸し出し規模ではそう大きくないにもかかわらずこうなるのは、金利規制によって利ザヤが確保されており、その結果、利益が確保されているからだ。日本では預貸金利差は1%少々でしかないが、中国では約3%にもなる。利ザヤがこのように大きいので、中国における銀行収益のほとんどは、利息収入である。

国有企業を中心とする体制には問題が多い。最大の問題は、国の直接的支配下にあるため、効率化が進まないことだ。現在の中国の国有企業は、社会主義経済の国有企業としてわれわれが想像するような非効率な官僚的組織ではない。しかし、独占利潤を享受しているのは事実であり、本当に生産性が高いのかどうかは疑問である。

2 台頭しつつある新しい企業

ハイアール、三一重工、レノボ

中国経済の成長を支えているのは、企業である。

すでに述べたように、中国では、エネルギー、通信、鉄道などの分野は、国有企業によって支配されている。しかし、これが中国経済のすべてではない。企業家精神にあふれる民間企業が誕生している分野も存在する。

自由化が大きく進展したのは、消費財部門だ。中国政府がこの分野を戦略的に重要と見なさなかったからだが、結果的にはそれが経済全体の活性化に大きな役割を果たした。エドワード・ツェ、ブーズ・アンド・カンパニー『中国市場戦略――グローバル企業に学ぶ成功の鍵』(日本経済新聞出版社、2011年)は、このように評価する。

家庭電化製品では、ハイアール・グループ(海爾集団)の躍進が目覚ましい。同社の主要製品は冷蔵庫や洗濯機などの白物家電、テレビ、エアコン、パソコンなどで、アメリカをはじめ世界165ヵ国以上で生産・販売している。白物家電の総合シェアは世界1位だ。

重工業分野では、建設機械メーカーの三一重工が注目される。6年間で売上高が約9倍になるという急成長を果たした。2011年の中国での売上は、コマツを抜いてトップになった。東京電力福島第一原子力発電所の事故の際、同社が開発したコンクリートポンプ車が寄贈され、原子炉冷却作業で活躍して世界中の注目を集めた。

レノボ(聯想)は、1997年に中国国内のPC(パソコン)売上高でトップを記録した。2004年にはIBM社のPC部門を買収した。13年には、世界のPC市場でデル、ヒューレット・パッカードを抑えて第1位のシェアを占めている。

これらの企業は、「中国製品は安いが粗悪品」というイメージを払拭し、「中国製品は信頼できる」という認識を国際社会に広げつつある。

通信機器で世界トップクラスの華為技術

通信機器の分野の注目すべき企業として、華為技術《ファーウエイ》がある。同社は、1988年に設立された通信機器のハイテク企業だ。同社の顧客には、中国電信、中国移動、中国聯合網絡通信などの中国企業だけでなく、ブリティッシュ・テレコム、シンガポール・テレコム、ドイツ・テレコムなどの外国企業もある。2008年12月の『ビジネスウィーク』誌は、「世界で最も影響力がある企業10社」という特集で、アップル、トヨタ自動車、JPモルガン・チェースなどと並んで同社を選んだ。

インターネット分野には、多数のベンチャー企業がある。

「アリババ」というインターネットサイトは、中国企業との取引を支援するeコマースのサイトで、1999年に杭州で開設された。日本向けのサイトもある。日本で必ずしも広く知られているわけではないが、世界最大級のB to B（企業対企業）サイトだ。

百度《バイドウ》はよく知られている。これは、グーグルの中国版である。その他のネットサービスでも、アメリカのサービスと同じものを中国のベンチャー企業が提供している。YouTubeはTudou、AmazonはDangDang.com、FacebookはOak Pacific Interactiveといった具合だ。

消費財部門の企業としては、以上で述べたもののほかに、スポーツウエア、スポーツ用品の李寧有限公司（リーニン）、スポーツ用品の中国動向（チャイナ・ドンシャン）、トイレタリーの恒安国際（ハンアン・インターナショナル）などがある。

躍進が目覚ましい独立の民族系自動車メーカー

どこの国でも、自動車産業は寡占的巨大企業によって支配されている。中国でも、もともとは第一汽車、東風汽車、上海汽車などの国有企業が自動車生産を行なっていた。

その後外資系メーカーの進出が認められるようになったが、外資単独での進出は認められておらず、必ず合弁になる。自動車が戦略産業と見なされているためだ。

しかし、国有企業の生産性は向上せず、その半面で、政府と関係がない独立の民族系メーカーが成長した。自動車部品、オートバイ、家電などからの参入が続いており、完成車メーカーだけで120社以上が乱立している。部品メーカーは2000を超える。

民族系メーカーのなかでとくに注目すべきは、奇瑞汽車（Chery Automobile）と吉利汽車

(Geely Automobile) である。吉利は１９８６年に冷蔵庫の製造企業として設立された。92年にバイクの製造を開始し、97年に自動車の生産を始めた。奇瑞は地方政府が所有する企業だが、中央政府所有の企業とは性格が大きく異なる。自動車生産を始めたのは、２０００年だ。

両社とも、それまで自動車生産の経験がまったくなく、品質劣悪と批判されながら成長した。しかし、いまや国際市場で戦える力をつけている。ロンドンのタクシーは、吉利汽車と上海華普汽車が製造することとなっている。浙江吉利控股集団はスウェーデンのボルボを傘下におさめた。

もう1つ注目すべき存在は、比亜迪汽車（BYD Auto）だ。同社は、パソコンや携帯電話用リチウムイオン電池の製造・販売会社であるＢＹＤ社が、03年に年産2万台規模の自動車メーカーを買収して設立した会社である。１９９０年代に、日本製品の数分の1のコストでの電池の生産を実現し、日本メーカーを抑えて市場を制覇した。２００５年に、ガソリン車第1号を生産した。自動車の基本的なテクノロジーが変化して電気自動車の時代になれば、同社の存在はきわめて重要なものになる可能性がある。

これらのメーカーは、外国メーカーとの技術提携もなく、政府からの援助もあまり受けていない。そして、中国に進出した外資企業を激しい価格競争に巻き込んでいる。

ただし、合法といえるかどうかぎりぎりのコピー戦略をとっているのも事実だ。先進国メーカーとそっくりの車を製造している。外観だけでなく、リバースエンジニアリング（完成品を購入して分解し、そのコピーを生産する方式）が用いられている可能性もある。

3　中国の実力を正しく評価する必要がある

積極的な経営者

以上で見たのは、いずれも設立後日の浅い若い企業である。企業家精神に満ちたワンマン経営者が、積極的にリスクをとって経営している。そのため、機動的・攻撃的であり、柔軟だ。

中国版ベンチャー企業の創業者は、農民出身、軍人出身、研究者出身など、さまざまだ。華為技術は、人民解放軍の元将校たちが1988年に始めた、オフィス用分電盤の小さな輸入代理店が出発点だ。レノボ（聯想）は、国の機関である中国科学院の11名の研究員が84年に設立した。三一重工は、89年に国有企業から飛び出した4人が設立した。

農民から身を起こして吉利汽車を立ち上げた李書福は、「中国の本田宗一郎」ともいわれる。アリババの創始者であり現会長、元CEOである馬雲（ジャック・マー）は、英語の教師だった。渡米したときにインターネット会社を見た経験から、95年に自分の会社を設立した。百度の創業者、李彦宏（ロビン・リー）は、北京大学を卒業後にアメリカに留学し、アメリカ企業の勤務を経てから中国に帰国し、起業した。

ハイアールを設立したのは、84年に青島市から青島冷蔵庫本工場という集団所有制企業に派遣された張瑞敏だ。赴任直後の張が、同社が生産した不良品を全従業員が見守るなかで打ち壊し、「品質こそ命」という考えを従業員全員に叩《たた》き込んだというエピソードは有名だ。さらに、人事・労務管理に徹底的な競争原理と成果主義を導入した。これによって、「農民出身者で一般労働者として採用された者でも、業績次第では管理者になれる」という方針を確立した。

最近の中国企業は、アメリカのアイデアをコピーするだけでなく、オリジナルなアイデアで事業を展開している。インターネットブラウザのMaxthon、携帯電話経由で財務サービスや財務情報を提供するOriental Wisdom、Skypeに似たサービスを提供するPingcoなどがその例だ。

こうしたことを見ていると、日本企業より競争的で、市場経済的であることが分かる。中国の成長企業は、単に中国市場が拡大したから成長したわけではないのだ。

今の中国には世界でトップクラスの積極的な企業家が現れている。そして、若者たちも、大企業で働くより、起業したいと思っている。これは、90年代末のシリコンバレーと同じような空気だ。終戦直後の日本とも似ている。そのころのソニーやホンダと同じような企業が多数誕生しているわけだ。

これは、原始的な資本主義経済に近い世界だ。それが共産党独裁政権の下で誕生しているのは、きわめて興味深い。

中国経済を語る場合、量的な巨大さや高い成長率に関心が集中する。その反面で、ここで述べたような企業家の存在は、日本ではあまり注目されていない。その意義はいまだ完全には評価しきれないところもあるが、将来への大きな可能性を開きつつあるのは否定できない事実だ。

中国企業についての誤解から脱却する必要

中国企業に関して、日本では、いくつかの誤解がある。最大のものは、「中国企業の技術力や経営力は低い」という思い込みだ。

たしかに、新興企業は、玉石混交だ。首を傾げたくなるものも少なくない。いかがわしいものもあるし、アメリカのサービスの単なる模倣も多い。ただし、本物もある。

中国に進出しようとする日本企業は、中国企業の実力を、技術面でも経営面でも、過小評価しているのではないだろうか？　その結果、「先進国企業で中国市場を分け合える」という19世紀の「列強による中国分割」的錯覚に陥っているのではないだろうか？

そして、つぎのように考える。電子機器組み立てのような単純労働集約生産はできても、自動車のように高度の技術や熟練労働が必要なものは、中国企業にはできない。国内企業があっても、やっているのは先進国企業製品のコピー生産だ。だから、中国における自動車事業の競争相手は、フォルクスワーゲンやGMなどの先進国企業だ。

こうしたイメージが持たれるのには、理由がある。つい数年前まで、中国の技術水準では、現代世界で通用する自動車は生産できなかった。しかし、すでに述べたような現状を見れば、われわれが本当に心配すべきことは、「日本国内市場が中国企業によって席巻されるのをいかに防ぐか」ではないかと思う。

バケモノのような巨大EMS

EMSという存在は、日本ではあまり知られていない。消費者の目にはつきにくい存在だからだ。これは、電子製品などの組み立て作業を受託する企業である。

世界最大手のＥＭＳがフォックスコンだ。２０１２年に、シャープ救済との関係で台湾のＥＭＳホンハイの名が日本で広く知られるようになったが、これは、フォックスコンの親会社だ。

同社の工場の巨大さは、われわれの常識を超えている。深圳工場の従業員は、45万人と言われる（中国全体では95万人の従業員がいると言われる）。これは、われわれが通常考える「工場」とは異質のものだ。これは都市である。しかも、かなり大きな都市だ。フォックスコンは、これまでの常識では理解できないバケモノ企業なのだ。

12年1月21日付の『ニューヨークタイムズ』は、アップルが採用した新しい生産方式について伝えている。そのなかで、つぎのようなエピソードを紹介している。

07年、最初のiPhone販売開始予定の1ヵ月前、iPhoneの画面にすり傷がつくのを見て、スティーブ・ジョブズが「6週間以内にスクリーンの仕様を変更せよ」と命令した。アップルはiPhoneの仕様を変更し、それに従う生産を中国にあるフォックスコンの工場に指令した。急いで生産されたガラス製スクリーンが工場に到着したのは真夜中だったが、工場の現場監督は、寮に住む８０００人の作業員を叩き起こして、ガラス製スクリーンをフレームにはめる作業をただちに開始した。

それからわずか30分のうちに、12時間シフト体制の生産が始動し、96時間後には、1日1万台のペースでiPhoneが生産されていた。そして、1ヵ月後には、100万台のiPhoneが販売された。その後、2億台のiPhoneがフォックスコンによって生産された。

フォックスコンの工場では、一晩で3000人を雇うことができるといわれる。彼らは寮に住むので、突然の生産変更にも対応できる。同じことをできる工場は、アメリカには存在しない。

このエピソードの真偽や、就業体制の是非は別問題として、アメリカ国内はもとより、世界のどこでも絶対に得られない生産体制が中国に存在することは、事実である。

iPhoneの生産が中国で行なわれていることは広く知られているが、多くの人は、「安価で勤勉な労働力が得られるから中国生産が選ばれる」と考えている。そうした側面があることは事実だが、ここで述べたような生産体制が存在していることが重要なのだ。

4　中国経済が抱える問題

労働力不足経済に入りつつある中国

中国の賃金は上昇を続けている。2007年から08年ごろの名目平均賃金上昇率は、年率18％程度という高い水準であった。リーマンショック後に10％近くまで落ち込んだが、11年には15％近い水準にまで回復した。内陸部の賃金水準は沿海部より低いが、賃金上昇率は沿海部を超えている。

日本貿易振興機構（ジェトロ）の調査によると、製造業の日系企業の13年度の対前年比ベースアップ率は10％であった。

これは、中国経済が「ルイスの転換点」を迎えたためだと言われる。これは、工業化の進展によって、農業部門の余剰労働力が底をついた状態だ。

09年夏以降、農民工（出稼ぎ労働者）を募集してもなかなか集まらない「民工荒」（労働者不足）現象が生じていると言われる。なお、この背景には、工業化の進展だけでなく、一人っ子政策の影響で、高齢化と少子化が深刻な問題になっているという事情もある。

だから、中国生産の有利性はもう終わりで、賃金がもっと低い他のアジア諸国に生産拠点を移すべきだとの意見もある。つまり、「これからはインドやベトナムやミャンマーの時代だ」という考えである。リスクの分散化と低減を図るため、投資やビジネスを中国一国に集中させない戦略は「チャイナ・プラス1」と言われてきたが、中国での賃金上昇がそれを加速させる可能性もある。

確かに、中国にこれまでのような低賃金を期待し続けることはできないだろう。ただし、問題はそれほど簡単ではない。いくつかの点を考慮する必要がある。

第1は、アジア諸国においても、賃金の上昇率は高いということだ。前記ジェトロの調査によると、インドネシア、ベトナム、インド、バングラデシュ、パキスタンなどの製造業のベースアップ率は、中国のそれより高い。インドネシアでは、30%近くに達している（ちなみに、タイ、マレーシア、フィリピンなどでは、中国より低い）。

第2に、賃金は工場立地を決める条件の1つにすぎない。それ以外に、道路、港湾などのインフラや、労働者の質が重要だ。とくに、勤勉な労働者は、インドやミャンマーでは簡単に見つからない。しかも、中国における製造業の賃金は、上昇はしたものの、日本やアメリカの水準に比べれば、まだはるかに低い。

発注者の立場から見れば、信頼性のある生産と、納期に正確に間に合わせられる体制のほうがはるかに重要だろう。そのためには、中国国内での対応のほうが重要だ。沿海部から中国内陸部に移転したり、機械の導入によって労働生産性を上げるなどの方策である。

驚くべき数の企業と猛烈な競争

前に述べたアリババのサイトを見て驚くのは、サプライヤー数の膨大さだ。膨大な数の競争者が存在するため、猛烈な競争圧力が働く。分野を絞っても、競争相手が数社でなく、数百社というオーダーになる。だから、利益が圧縮される。

膨大な数の工場が存在できるのは、豊富な労働力があるからだ。数が多いだけでなく、彼らは、勤勉で従順な労働者だ。インドやアフリカと中国とは、この点において決定的に異なる。

中国の労働者は、朝8時前に出勤し、深夜まで働く。それでも足りずに、残業する。残業がなければ、別の工場を探す。休日が多すぎると、休みのない工場に移ると言われる。

もちろん、劣悪な労働条件が野放しにされているわけではない。中国工場に発注しているのはウォルマートやアップルなど欧米の世界的な企業だが、自社で販売する製品が貧困工場で生産されているという評判が広まれば、ブランドに傷がつく。そこで、労働条件の改善を要求する。このため、発注側の大企業は定期的に工場を監視する。

しかし、中国の工場はしたたかだ。アレクサンドラ・ハーニー『中国貧困絶望工場』（日経BP社、2008年）は、つぎのように指摘する。中国には2種類の工場がある。政府の検査官や外国の発注者に見せるための「モデル工場」は、労働時間などについて、規制に従った模範的な操業を行なっている。しかし、工場の99%が当局に登録されていない秘密の「陰の工場」を持つ。違法残業で生産性を上げるには、タイムカードを偽造するより、この方法のほうが効率的なのだ。生産量は、陰の工場がモデル工場より2〜3割多い。「中国で労働法を守っていたら、ビジネスなんてとても長続きしない」とある工場長は言う。

労働規制や最低賃金は、政府の宣伝にすぎないのだ。地元企業なら、地方の役人とのコネを利用して、うまくすり抜ける。これが汚職の温床になる。政治が高度に金銭化しているのだ。そして労働者も違法残業を求める。

中国経済の実態は、案内された工場を見学しても分からないのだと、改めて思い知らされる。ましてや、中国政府の発表だけでは、実態を大きく見誤る危険がある。中国の統計は不十分で、しかも信頼できない場合もあるからだ。

『中国貧困絶望工場』やレスリー・T・チャン『現代中国　女工哀史』（白水社、2010年）は、沿海部の工場に働く女工たちの生活を、詳しくレポートしている。どちらにも、努力して工場労働者から抜け出し、生活を向上させていく少女たちのストーリーがある。劣悪な労働条件下で一日中働く彼女たちは、たしかに哀れだ。しかし、同時に夢もあるのではないだろうか？　実際、原書のタイトルには、「哀史」とか「絶望」などの言葉はない。著者たちは、中国の惨状を告発したいのでなく、猛烈な勢いで成長する経済のなかで人々がいかに行動しているかを描きたいのではないか？　スーザン・L・シャーク『中国危うい超大国』（日本放送出版協会、２００８年）も、中国労働者の実態を描く。

「蟻族」と呼ばれる若者たちもいる。廉思『蟻族――高学歴ワーキングプアたちの群れ』（勉誠出版、２０１０年）は、彼らの実態を生々しく描く。彼らは、農村からの出稼ぎである「農民工」ではなく、大学卒業者だ。しかし、深刻な就職難のために、彼らの所得は、場合によっては農民工より低い。大都市周辺の狭い住居に群居し、夜遅くまで勉強して、チャンスをつかもうとする（ただし、蟻族の棲み処《すか》「唐家嶺」は、その後当局によって取り壊され、きれいに整地されてしまった）。

こうしたむき出しの弱肉強食的競争を是とするかどうかは、基本的な価値観の問題だ。しかし、今日の中国でそうした競争が展開されていることは、間違いない事実である。われわれは、それを認識して中国と付き合わなければならない。

第５章

取り残された日本は
円安のぬるま湯に

◇◇◇◇◇◇◇◇◇◇◇◇◇

第1章で述べたように、冷戦後の世界を制覇するのは、ドイツと並んで日本であるように思われた。1980年代、多くの日本人がそう考えていたのである。しかし、実際にはそうならなかった。不良債権の処理に追われたからでもあるが、基本的な理由は、2003年ごろからの円安で古い産業構造が温存されてしまったことだ。

1　不良債権処理に追われた日本の90年代

80年代は本当に日本の時代だったのか？

石油ショック後、日本の世界進出は拡大した。日本車のアメリカでの売上は増大を続け、ビッグ3（アメリカの自動車大手3社）の経営に深刻な影響を与えた。そして、1985年の「プラザ合意」という国際的な為替介入にまで進んだ。これは、ドル安円高、マルク高を実現し、日独が世界経済を牽引《けんいん》する「機関車」の役割を果たそうというものである。

日本国内は、株式と土地のバブル景気に沸いた。80年代の後半には、「ジャパンマネー」（日本から海外への投資資金）が世界のリゾート地やアメリカの商業施設を買いあさった。日本の経常収支黒字は増大を続け、「黒字べらし」が経済政策の基本課題となった。

80年代は日本経済の空前の繁栄期だったように見えた。日本企業は、世界の市場を制覇したと思っていた。しかし、本当のところは、量的に拡大したにすぎなかったのである。

世界では、第1章〜第4章で述べたような変化が進行していた。中国の工業化が進展し、それまで日本の得意分野だった製造業に、低価格の製品が出現し始めた。冷戦終結に際して経済的な観点から本当に心配しなければならなかったのは、じつは日本だったのだ。しかし、日本は、こうした世界経済の変化を理解できなかった。

アメリカやイギリスは、70年代の後遺症としての80年代を克服しようとしていた。それに対して日本は、石油ショック克服の成功記憶にとらわれ、それをいつまでも引きずった。この違いが90年代に明らかになる。

企業・銀行のカネ余りと不動産バブル

１９８０年代後半に日本で起きた不動産バブルの基本的原因は、経済条件が変化したにもかかわらず、従来の金融システムを維持しようとしたことにある。

「従来の金融システム」とは、戦時中に形成されたもので、「護送船団方式」とも呼ばれた。そのトップに位置していたのが都市銀行と長期信用銀行だったが、80年代後半から国内に投資対象を失った。運用難問題は、それまで基幹産業に資金を供給していた長期信用銀行において、とりわけ深刻だった。

そこで、これらの金融機関は、不動産投資にのめり込んでいった。「住宅金融専門会社（住専）」と呼ばれた子会社を設立し、それを通じて、投機的な不動産投資を行なったのである。対象は、ゴルフ場、国内・海外のリゾート開発などだ。

これが80年代後半の不動産価格バブルを引き起こした。そして90年代の初めにバブルが崩壊し、金融機関に膨大な不良債権が発生したのである（この詳細については、野口悠紀雄『戦後日本経済史』、新潮選書、２００８年を参照）。

不良債権処理と公的資金注入

とくに大きな痛手を被ったのが、長期信用銀行である。１９９８年初めに日本長期信用銀行（長銀）と日本債券信用銀行（日債銀）の経営危機が表面化した。これを救済するために公的資金の注入が検討され、98年2月に「金融安定化法」が成立した。同年3月に、長銀、日債銀を含む21行に約１兆８０００億円が投入された。

大混乱の国会審議の末、98年10月に「金融早期健全化法」が成立した。しかし、10月には長銀が、12月には日債銀が破綻し、国有化された。99年3月には、大手15行に約7兆4600億円の公的資金が投入された。

2度にわたる資本注入で不良債権が完全に処理されたのかといえば、そうではなかった。不良債権はその後も増え続けたのである。不況が続くかぎり、資本注入で不良債権問題は解決できないのだ。こうして、その後も数次にわたって公的資金の注入が行なわれた。りそな銀行は2003年に資本注入を受けた。

では、結局のところ、どれだけの金額がつぎ込まれたのだろうか？　じつは、それがはっきりしないのである。少なくとも、人によって言うことは大きく違う。金融機関サイドの人々は、「公的資金は総額約25兆円だった」と言うことが多い。しかし、国会質問などで「公的資金46・8兆円投入」と言われる場合もある（たとえば、04年10月26日、大出彰議員の質問主意書）。また、会計検査院の01年度決算検査報告では、「金融システムの安定化のための緊急対策等に投入された公的資金の実績は、総額33兆8730億余円である」としている。

なお、大出議員の質問に対する政府答弁は、「単純に合算すれば46・8兆円になるが、各業務の性質が異なるから合算すべきでない」というものだ。しかし、「では、いくらか」という答えは明示していない。

投入された公的資金のうち、金融機関から返済されずに、結局国民負担となった額は、約10兆円だ。この大部分は、破綻した長銀と日債銀に対する投入である。

長銀と日債銀は、公的管理に置かれたあと、前者は新生銀行、後者はあおぞら銀行となった。都市銀行では合併が進展し、最終的には3つの金融グループに集約された。長期信用銀行であった日本興業銀行は、みずほグループに含まれることになった。

2　大規模介入で円安に

35兆円超の大規模介入

2003年ごろから輸出主導型の経済成長が実現した。これは円安によってもたらされた。円安は、政府・日銀による為替介入をきっかけとして生じた。それまでも介入は行なわれていたが、03年の1月から急激に増加した。

介入が行なわれた背景は、それに先立って円高が進んだことだ。円ドルレートは、02年初めの1ドル130円台から、03年初めには110円台まで上昇した。「1ドル100円を超えるような円高は阻止する」というのが、介入の目的だったと考えられる。介入は04年3月までの累積で、約35・2兆円行なわれた。

為替レートは05年ごろから円安になり、07年夏には1ドル120円台にまでなった。輸出が増大し、経済成長率が高まった。

ただし、この成長は、持続可能なものではなかった。第6章で述べるように、アメリカの住宅バブルに乗ったものだったからである。そのために経済危機で崩壊したのである。

円安は、日本の介入だけによって実現したわけではない。それが円安への引き金を引いたことは事実だが、それによって、円キャリー取引（円をドルに転換し、ドル資産で運用する取引）が誘発されたことによる面が強い。

そしてこの背後には、アメリカの金利が05年ごろから急上昇したことがある。2年国債での日米金利差と円ドルレートの推移を見ると、両者の相関はきわめて強い。

05年ごろからアメリカ2年債の利回りがかなり急速に上昇した。それまで1％台であったものが、04年中ごろから2％台となり、05年には3％を超え、さらに上昇した。これは、住宅価格の高騰（第6章参照）を抑えるために、FRB（米連邦準備制度理事会）が金融引き締めに転じたことの結果である。

なお、このときに、FRB議長のアラン・グリーンスパンが「謎」(riddle)と呼んだ現象が発生した。金融引き締めを行なったにもかかわらず、10年国債利回りが上昇せず、一時的にはむしろ下落さえしたのである。これは、アメリカに流入した円キャリー資金の影響だった可能性がある(流入した資金が何に投資されたかは追跡できないが、全体としてアメリカの金融引き締めの効果が打ち消された可能性が高い)。

このように、円ドルレートは、日本の金融政策だけで決まるわけではない。日本の場合、アメリカの金融政策に影響される面が大きい。日本が円安を求めて金融緩和を行なっても、アメリカも同時に金融緩和を行なえば、金利差は拡大せず、円安は実現しない。

生産の国内回帰

2003~07年ごろの日本では、円安を背景として国内生産の有利性が回復し、「生産の国内回帰」と呼びうる現象が起きた。

テレビはすでに1987年ごろに海外生産が国内生産を上回り、94年には輸入が輸出を上回るようになっていた。ところが、2003年ごろから薄型テレビの国内生産が増大し、09年には国内生産が海外生産の半分近くのレベルにまで増加した。

製造業の大企業(資本金10億円以上)の国内設備投資伸び率の推移を見ると、04~05年度には、15％台の高い伸び率を示している。

この時期に投資がなされた新鋭工場として、09年に操業開始したシャープの堺工場、10年4月に稼働したパナソニックの姫路工場、トヨタの小倉工場、キヤノンの大分工場などがある。

しかし、液晶テレビの場合には、結果的には、国内工場が赤字の原因になった。国内回帰は、円安だけでなく、「薄型テレビは高度の技術を要するので国内生産が競争力を持つ」との判断に基づくものだった。しかし、そうではなかったのだ。中国や韓国での生産が増大し、製品価格の著しい下落に直面することになった。

自動車の場合も、積極的に海外生産を進展させた日産自動車が業績を伸ばす半面で、国内生産にこだわったトヨタがたち後れることになった。ただし、こうしたことが顕在化したのは、リーマンショック後のことである。

07年の夏に、実質実効為替レートは、プラザ合意直前のレベルにまで円安になった（「実質為替レート」とは、各国間の物価上昇率の違いを考慮に入れて計算した為替レートである。「実効為替レート」とは、それらを貿易量で加重平均したものだ）。このように異常な円安が進行したにもかかわらず、欧米諸国から強い批判が起こらなかったのは、欧米主要国（とくにアメリカ）の産業構造が、すでに製造業中心のものから脱却していたためだ。

1985年のプラザ合意の直前には、日本の自動車がアメリカの自動車産業の雇用を奪っているとされ、アメリカで強い円安批判が生じた。プラザ合意は、これに対して円高ドル安に為替レートを誘導しようとするものだったのである。しかし、その後、アメリカでは産業構造の変化が進んでいたのだ。

液晶テレビにおける垂直統合と水平分業

2007年ごろ、水平分業と垂直統合のどちらの生産方式が強いかについて、議論が行なわれた。以下では、それを薄型テレビの場合について見よう。

液晶テレビは、映像を映し出す液晶パネルに、モジュールと呼ばれる周辺部品を取り付けて作る。シャープやパナソニックは、パネルもモジュールも生産する「垂直統合型」をとった。

これに対して、「水平分業型」がある。パネル製造は、最終製品を作らないEMS（電子機器の受託生産）企業が担当する（EMSについては、第4章の**3**を参照）。パネルを生産しないメーカーは、パネルを外部から調達してモジュールを取り付ける。水平分業型企業の典型として、アメリカのビジオ（VIZIO）がある。同社は、05年に設立されたファブレス企業（工場をもたない企業）だ。北米の液晶テレビ市場でサムスン電子と首位争いを演じている。

台湾の瑞軒科技が台湾や韓国から部品を調達し、中国の工場で組み立ててビジオに供給する。ビジオは販売に特化する。

07年当時の日本では、垂直統合が優れているとの意見が多かった。シャープ亀山工場は、典型的な垂直統合生産方式の工場だった。

しかし、この問題には、はっきりした答えが出た。垂直統合モデルは敗北したのである。それを明確に示したのが、その後、テレビ事業が大赤字を出したことだ。12年3月の決算で、パナソニック、ソニー、NEC、シャープの4社が巨額の赤字を計上した。

パナソニック大赤字の原因として、10年に姫路市で稼働した新工場があると言われる。シャープは、液晶テレビの代名詞だった亀山工場が原因である。ソニーの赤字も、テレビ事業の採算悪化が原因だ。

テレビ事業に限らず、リーマンショック後の日本企業の業績は一般に振るわなかった。これは円高や法人税率が高いなどの「六重苦」のためだと言われた。そして、企業の外部環境が悪化したにもかかわらず、政府が適切な政策をとらないからだとも言われた。

こうした要求に押されて、政府は、露骨で過剰としか言えない業界補助を行なった。具体的には、経済危機後、エコカーやエコ家電に対する救済策が講じられた。

しかし、日本企業が不振を続ける基本的原因は、企業外部の環境ではなく、企業のビジネスモデルそのものにあったのである。条件が大きく変化したにもかかわらず、古いビジネスモデルに固執したことが間違いなのだ。

3　大変化に対応できなかった日本

小泉内閣は本当に構造改革を行なったのか？

2001年4月から06年9月まで政権にあった小泉純一郎内閣は、日本経済の構造改革を行なったと、一般に評価されている。たしかに、小泉内閣は、「改革なくして成長なし」というキャッチフレーズを掲げ、それまでの自民党政治からの脱皮を印象付けた。そして、高い支持率を獲得した。

しかし、小泉内閣が本当に日本経済を改革したのかと言えば、大いに疑問だ。

同内閣の構造改革の中心は、「郵政民営化」だ。しかし、その基本を方向付ける財政投融資制度の改革は、すでに01年4月の財政投融資改革によって実現していた。これによって、それまで資金運用部に預託されて運用されていた郵便貯金の資金は、新たに設立された郵政事業庁によって独自に運用されることになっていた。つまり、郵便貯金を国の投融資制度である財政投融資から切り離し、独自運用を行なうことは、小泉内閣の発足時にすでに決定されていたのである。

郵政事業庁は、03年に日本郵政公社となり、07年に日本郵政グループとして民営化された。小泉内閣は、たしかにこの経緯に携わった。とくに、05年9月に行なわれた総選挙は「郵政選挙」と言われたように、郵政民営化が争点であった。しかし、制度改革の基本方向はすでに定まっていたのであり、小泉内閣が行なったのは、郵政公社を民営化したという経営形態の変更にすぎなかった。これは、経済的に見ればあまり重要な問題ではない。この問題は、郵政族の利益との関係で大きな政治問題になっただけである。

小泉内閣は、古い産業構造を温存した

経済面で見れば、小泉内閣は、円安政策によって古い産業構造を温存した。

マーケットは条件変化への対応を求める。日本では、それを政策が抑えたのだ。そして、旧来型の輸出産業を延命させた。このため、産業構造が世界経済の変化に対応して変わることがなかったのだ。

この期間の輸出主導経済成長は、経済構造改革や輸出産業の競争力向上によって実現したものではない。アメリカの消費ブームでアメリカの全世界からの輸入が増え、その一部として日本からの輸出も増大しただけのことだった。

この当時、「心地よい円安」ということがしばしば言われた。円安のおかげで、つらいリストラ努力をしなくても、事業を継続できるようになったのだ。

大組織病におかされた大企業は、リスクをとらない状態が続いた。大企業の経営者は、これまでの事業を変えようとしない。変えれば、企業のなかでの自らの地位が脅かされるからだ。そして、優秀な若者は安定を求めて大企業に就職する。新しい事業を興そうという人が現れても、組織の壁に阻まれて成功できない。能力のある人はいるが、活躍できる環境はない。こうした状況が、日本を衰弱させていったのだ。

経済問題に関するかぎり、小泉政権は改革を行なったのではなく、まったく逆に、古い産業と旧体制を温存したのである。

2005年9月の「郵政選挙」では、「改革!」という勇ましい声が飛び交った。しかし、そう叫んでいた人たちは、何をどう改革すべきかについて、何のビジョンも持っていなかったのではあるまいか?

郵政民営化に反対する人々に対しては、「抵抗勢力」というレッテルが張られた。しかし、経済構造の改革という立場からすれば、小泉内閣こそが最大最強の抵抗勢力だったのである。

90年代の大変化に対応できなかった日本

これまでの章で述べてきたように、1990年代において、世界経済に大きな変化が生じた。繰り返すと、とくに重要なのは、つぎの3つだ。

第1は、情報技術体系に本質的な変化が起きたことだ。それまでの大型コンピュータによる集中処理から、PCとインターネットによる分散処理への変化である。これによって、情報処理と通信に必要なコストが劇的に低下した。

第2は、新興国の工業化だ。90年代の中ごろからは、中国製造業の発展が顕著になった。それまで先進国の製造業が行なっていたのと基本的には同じ生産活動を、圧倒的に低い賃金で行なえるようになった。

第3は、こうした変化の結果として、市場型経済の優位性が復活したことである。安い賃金を利用できる新興国で製造を行ない、グローバルな水平分業体制を採用するようになったのは、こうした変化をよく表わしている。

しかし、日本はこうした大変化の利益を、十分に享受できなかった。むしろ逆に、新興工業国との競争によって、国内産業が疲弊した。それは、旧来型の産業構造にこだわったからである。そして、古いタイプの産業を支えるために、金融緩和と円安政策がとられたからだ。つまり、本当に必要な構造改革は産業構造の変革だったにもかかわらず、近視眼的なバイアスのために、まったく逆の経済政策がとられたのである。

日本では脱工業化も21世紀型グローバリゼーションも起こらなかった

1990年代後半以降の日本経済は、地盤沈下していった。それは、現在に至るまで続いている。この長期的停滞は、しばしば「失われた20年」と言われる。

2000年代の初めごろ、停滞の原因はバブルの崩壊だと言われることが多かった。バブル崩壊が日本経済に大きな影響を与えたことは否定できないが、問題はそればかりではない。そうでなければ、停滞がかくも長きにわたって続くことはありえない。

本質的な原因は、世界経済の大きな構造変化に日本が対応できなかったことだ。そして、古い産業構造からの転換が生じなかったことである。第2章で見たアメリカ、イギリス、アイルランドで生じたような産業構造の変化は、日本では起きなかった。1990年代の世界において、日本は英米とは明らかに違う趨勢《すうせい》をたどったのである。

第2章で見たように、アメリカでは経済をリードする企業に大きな変化があった。それに対して、日本ではほとんど変化が見られない。日本では、90年代の中心的な企業がいまだに中心的な企業だ。現在日本経済を主導する企業は、20年前にも日本の主要企業であった。アメリカでAT&Tが実質的には消滅したのに対して、日本では電話会社であるNTTとそこから分社したドコモがいまだに日本を代表する大企業だ。

さらに大きな問題は、ついこの間まで日本を支えていた企業の事業が、もはや利益を生むものにはならなくなったことである。その典型がエレクトロニクスである。さらに、収益を増大させている自動車産業も、その好業績は円安に依存していたことが明らかだ。

日米経済の差は、「価値の低い伝統的な企業」と「価値の高い新しい企業」の差なのだ。日本経済は依然として前者の企業に支配されているのに対して、米国の経済は後者の企業がリードしている。

日本で脱工業化も21世紀型グローバリゼーションも起こらなかったことの結果は、1人当たりGDP(国内総生産)の推移に明確に表われた(図表3－2参照)。

95年における日本の1人当たりGDPは4万ドルを超えており、主要国のなかではトップだった。これは、アメリカの約1・5倍であり、アイルランドに比べると約2・3倍だった(図表3－2参照)。

しかし、その後日本は多くの国に抜かれた。2007年における1人当たりGDPを見ると、日本3万4038ドルに対して、アイルランド5万9406ドル、アメリカ4万7964ドル、イギリス4万6866ドルなどとなっている。

ほかの指標で見ても、日本経済の劣化は著しい。例えば、1991年と現在の平均株価を比べると、アメリカでは約5倍に上昇しているのに対し、日本では7割程度にしかなっていない。

ドイツ経済は、統一後にむしろ停滞した。東ドイツという重荷を抱えたためでもあるが、基本的な理由は、ドイツも日本と同様、脱工業化ができなかったことにある。企業が従業員の共同体的な存在になっていること、自動車産業が強いことなどを見ても、日本とドイツはじつによく似ている。そして70年代に破竹の勢いで世界経済を制覇するかに思われたが、どちらも新しい経済条件に対応できなかったという点でも同じだ。

四半世紀に及ぶ長期衰退過程が始まった

日本もドイツも、中国が事実上の鎖国を続けて工業化しなかった1970年代までは、世界経済のなかで高い地位を占めることができた。その意味で、日本もドイツも冷戦によって大きな利益を受けていたのである。

中国の工業化によって、世界的な分業体制の基本条件は大きく変わった。中国と同じ経

図表5-1　東京証券取引所の株価指数（TOPIX）の推移

資料：東京証券取引所

済活動を行なっている国が没落し、中国にはできないことに転換した国が成長したのである。

それに加えて、ITという新しい技術体系が登場した。これは、アメリカ、イギリス、アイルランドのように市場型経済の国に有利に働いた。

このように、世界は90年代に大転換したのである。しかし、日本は、バブルの後始末としての不良債権処理に手一杯で、世界で何が生じているかに目が向かなかった。だから、日本国内では、新しい時代が到来したということは、感じられなかった。

東京証券取引所株価指数の長期的な推移を図表5－1に示す。指数は、89年12月18日に史上最高値を記録し、それ以降下落した。何度か上昇することはあったが、89年の水準にはとても届かなかった。少なくとも株価に関するかぎり、日本が80年代末の状況に戻ることは今後もありえないだろう。図表5－

1を虚心坦懐《きょしんたんかい》に見れば、「日本は90年代以降、長期的な衰退を続けている」というべきだ。しばしば「失われた20年」と言われるのだが、長期衰退過程はすでに四半世紀に及んでいるとも言える。

第6章

100年に一度の金融危機

２００8年に生じたリーマンショックは、世界経済を大混乱に陥れた。その影響は現在に至るまで続いている。現代の世界経済を理解するには、金融危機のメカニズムについて正確に理解することが必要である。アメリカ金融危機は、それに先立つ住宅価格バブルの崩壊によって引き起こされたものだ。本章では、バブル膨張と崩壊の過程について、やや詳しく見ることとする。

1　アメリカ住宅バブルと金融革新

大規模な住宅価格バブルが発生

２００3年ごろから、アメリカで住宅価格の異常な上昇が始まった（図表6－1参照）。これは、歴史的にもまれに見るほどの大規模で広範囲なバブルだった。

私は04年から05年にかけてカリフォルニア州パロアルトに滞在していたので、この様子を目の当たりにした。毎日配達される新聞には、色刷りの住宅広告が大量に挟み込まれて

図表 6-1　アメリカ主要 10 都市圏の住宅価格の推移

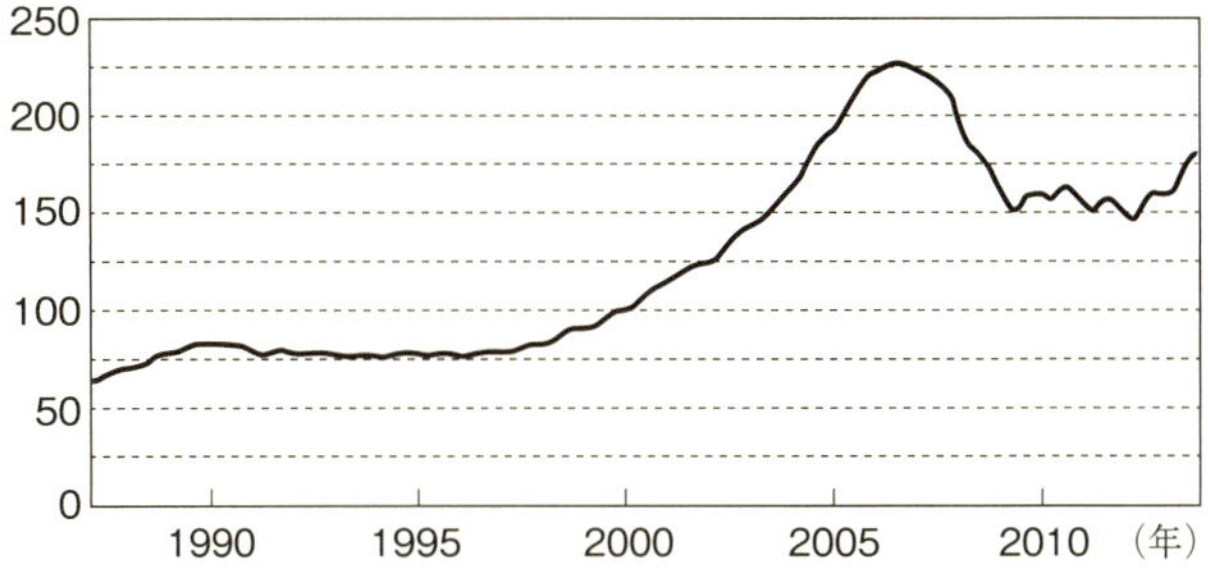

注：ケース=シラー指数、全米主要10都市圏平均価格
資料：S&P Dow Jones Indices

いた。アメリカは熱狂状態に陥っていた。

サンフランシスコ圏の住宅価格の価格上昇率は、04年で前年比15・5%となった。ロスアンジェルスの東にあるオレンジ郡の住宅価格上昇率は、38・7%にもなった。カリフォルニアだけでなく、ボストンからワシントンD.C.に至る東海岸、そしてフロリダにおいても、同様の現象が見られた。

日本でも1980年代後半に不動産バブルが発生したのだが、それを超えるほどの大きなバブルだった。日本の場合には空き地やリゾート地も対象になったが、このときのアメリカのバブルは、ほぼ住宅に限られていた。

住宅価格上昇をめぐっては、さまざまな議論が行なわれた。経済学者には、これを「バブルだ」と言う人が多かった。その論拠として、住宅価格と賃貸料や所得との格差が大きくなりすぎたことが挙げられた。実際、住宅価格の上昇率は賃貸料の上昇率をはるかに上回っており、一部の地域では賃貸料が下落しているにもかかわらず住宅価格が上がった。

ラスベガスの住宅価格上昇率は異常に高かったが、現地を見ずに購入している人が多いと言われた。そうした人々は、ラスベガスに住む予定はなく、転売目的の購入であったのだ。これは投機以外の何物でもなかった。フロリダでも、同様の現象が発生した。

「転売が巨額の利益を生む」というのは、バブルの顕著な特徴である。このため、利用収益とはかけ離れたところで、資産価格だけが自己増殖してゆくのである。

その他の地域でも、「将来の値上がり期待」という要素が強かった。所得との対比で見ればとても正当化しえない価格の住宅が多かったのだが、多くの購入者は、将来の値上がりを期待していたのだろう。だから、いったん住宅価格が下がると非常に深刻な問題が生じることは、この当時から予想できた。

サブプライムローンとその証券化

このときのアメリカのバブルが日本のバブルと大きく違う点は、背後に金融革新があったことだ。その暴走が金融危機なのである。以下の説明はテクニカルな内容も含むが、それを理解しないと金融危機を理解することはできない。

住宅ブームの1つの原因は、「サブプライムローン」という新しい住宅ローンが導入されたことである。これは、従来の住宅ローン借入者に比べて所得が低く、信用力が低い個人を対象とする住宅ローンである。2004年ごろから急激に増大した。

金利が当初は低く設定されており、ある時期以降に高くなる。ただし、多くの利用者は、期限前に住宅を売却して、ローンを返済する。そして、新しいローンを設定して、新しい住宅を購入する。このため、住宅価格が上昇し続けるかぎり、借入者の返済能力が低くとも、延滞や破綻が表面化する危険は低かった。

ところで、アメリカの住宅金融の仕組みは、日本のそれとはかなり異なる。日本では都市銀行も住宅ローンを行なっているが、アメリカでは、古くからS&Lと呼ばれる多数の金融機関が住宅ローン（アメリカでは「モーゲッジ・ローン」と呼ばれる）を担当していた。これらは、小規模で地域的な金融機関なので、資金調達が容易でない。そこで、ファニーメイ、ジニーメイ、フレディマックという政府系金融機関が設立されて、S&Lを資金面で支援した。これらの機関は、債券を発行して資金を調達し、それを用いてS&Lのモーゲッジを購入したのである。

住宅ローン資金の調達をさらに拡大するため、1970年代に、政府系金融機関に集められたモーゲッジを対象として、「証券化」が行なわれるようになった。これは、多数のローンをまとめ、それを担保にしてＭＢＳと呼ばれる証券を発行し、それを投資家に売る仕組みである。

投資家から見ると、証券化商品という新しい投資対象ができたことになる。このため、モーゲッジへの資金供給が増えた。モーゲッジの半分以上が証券化されるようになり、ＭＢＳの市場は、国債に次ぐ規模の巨大な市場に成長した。

ただし、このころに行なわれていた証券化には、いくつかの問題があった。最大の問題は、リスク（価格下落の危険）と利回りの点で、投資家の要求に必ずしも応じられなかったことである。安全な資産を求める投資家から見ればリスクが高すぎ、高い利回りを求める投資家から見れば、利回りが低いという問題があった。

そこで、多数のＭＢＳをまとめ、それをＣＤＯと呼ばれる商品に再証券化することが行なわれた。その過程で、償還の優先順位別にいくつかの部分に「切り分ける」ことが行なわれた。こうすることによって、リスクと利回りの異なるさまざまなＣＤＯが生み出されたのである。

ＣＤＯは、機関投資家や一般投資家が購入しただけでなく、ファンドが購入してファンドに組み込んでいた場合もあった。これらは、格付け機関により格付けされていた。

ＣＤＳの発明という金融革新

１９９０年代のもう１つの重要な金融革新は、ＣＤＳである。これは、銀行の貸付が債務不履行になった場合、あるいは投資が損失を出した場合に、その損失を補塡する契約だ。保証料を払ってＣＤＳの保証を受ければ、対象とされている債権が債務不履行に陥った場合、損失額の全部または一部を保証してもらえる。ＣＤＳの売り手（保証の提供者）は、その額を負担する義務がある。

ＣＤＳによって、債権のリスク（不履行の危険）だけを切り離して、それを移転することが可能になった。貸付には、資金の提供とリスクの負担という２つの側面があるのだが、それらを分離することが可能になったのである。たとえば銀行は、貸付のための原資を調達する必要はあるが、ＣＤＳの保証を受けることによって、貸付に伴うリスクを負う必要はなくなったのである。

すでに述べたように、「証券化」も、住宅貸付にかかわるさまざまな機能を分解し、これを別々の主体が負担することを可能にするものだ。さまざまな経済主体は、リスクに関して異なる立場にある。たとえば、「資金は提供できるが、リスクは負担したくない」という経済主体がいる。逆に、「資金量はなくてもリスクは負担できる」という主体もいる。したがって、金融革新によって金融資産の機能が分解されると、従来よりも多くの主体が参加でき、より高度の分業が可能になるのである。

ところで、「損失を補塡する」という意味では、CDSは古くからある損害保険と同じ機能を果たす。保証を受ける側から見れば、問題が生じたときに損失を補塡してくれるという意味で、保険と同じだ。このため、新聞記事などでは、CDSを「保険のようなもの」と説明することが多い。しかし、CDSが機能するメカニズムは、保険とはまったく異なる。

違いは、CDS保証の提供者（CDSの売り手）において発生する。従来からの保険の場合には、損失が生じた場合、その負担は、保険加入者が共同で負担する。しかし、CDSの場合には、CDS保証の提供者が実際にそれを負担するのだ。このため、巨額の負担になりうる。


CDSは危険なものか？


CDSに関しては、それが危険なものだという誤解が多い。こうした誤解が広がったのは、アメリカの投資家ウォーレン・バフェットが「CDSは時限爆弾だ」と言ったことによると思われる。しかし、損失を補塡するものなのだから、爆弾であるはずはない。

バフェットが言ったのは、この引き受けに注意が必要ということだろう。CDSの引き受け手の立場から見ると、損失が生じなければ保証料が入ってくるだけなので、非常に収益率が高い投資のように思える。しかし、損失が実際に発生すれば、すでに述べたように、それを負担しなければならない。だから、引き受け手の立場から見れば、きわめてリスクの高い投資なのである。

ＣＤＳは新しい金融革新なので、引き受け手が安易に引き受けてしまった可能性がある。保険会社ＡＩＧ（アメリカンインターナショナルグループ）がきわめて巨額の引き受けを行なっていたのだが、保険と同じような感覚で引き受けていた可能性は否定できない。**2**で述べるように、アメリカ金融危機の最終段階で、ＡＩＧが保有する大量のＣＤＳの扱いが大問題となった。

ＣＤＳに限らず、リスク対処のための手段は、投機の手段として利用することもできる。先物も、本来は将来の価格変動を回避するためのものだが、実需を持たない人が先物取引をすれば投機になる。本来は損失を補償するための手段であるＣＤＳも、投機に使うことができる。結果的に見れば、ＡＩＧはＣＤＳに投機し、そして失敗したのだ。

価格変動リスクへの対処が必要になった理由

リスクに対処するための手段は、１９７０年代以降重要性を増した。それは、市場価格の役割が増したからだ。70年代以前には、市場価格が制度的に固定されている場合が多かった。たとえば、固定為替レート制度であったため、為替レートは変動しなかった。また、金《きん》の公定価格は固定されていた。原油価格は制度的に固定されていたわけではないが、安定的で大きく変動しなかった。

ところが、70年代以降、条件が大きく変わった。為替レートは変動制に移行し、金の公定価格も廃止された。また、原油価格が高騰した。価格が市場で大きく変動するようになり、それらに対処する必要が高まったのである。

では、市場価格が変動するのは、望ましくないことなのだろうか？

変動相場制への移行に際して、固定レートのほうがよいといった人が多かった。価格が安定していないと、事業計画が策定できないからというのだ。しかし、価格が変動するのは経済の諸要素が変化するためだから、価格を固定するのは、望ましいことではない。価格変動によってリスクが生じるのは事実だが、それに対して「ヘッジ」する（変動による影響を少なくするために手当をしておく）ことは、可能なのである。だから、市場価格は自由に変動するようにし、必要であればヘッジしておけばよい。

市場価格リスクに対処する手段として古くからあったのは先物だ。先物を少し変形したものが「オプション」である。ＣＤＳはオプションの一種である。

これらを適切に利用することによって、幅広いリスク対処が可能になる。しかも、70年代にオプション価格式が見いだされて、オプションの経済的価値の評価を誰もが客観的にできるようになった。このために、CDSなどのオプションの利用が広まったのである。リスク対処手段が発展すれば、市場価格の役割も増大する。両者は、密接に関連している。金融技術の発達は、市場型経済の復権と密接な関係を持っているのである。

2　金融危機の進展

証券化商品の価格下落

高騰を続けていたアメリカの住宅価格は、2007年夏ごろをピークとして、下落に転じた（図表6－1）。これが金融危機の引き金を引いた。

発端は、07年8月、フランス、パリバ銀行の傘下ファンドで証券化商品の評価が下がり、3つのファンドが凍結されたことだった。

じつは、経済指標は、それより少し前から大きく変調していた。7月末には円が急騰した。アメリカの株価が下落しただけでなく、日本の株価も大きく値を下げていた。

証券化商品の価格低下に対する懸念は、それ以前から広がっていた。07年の3月のアメリカの金利上昇で、変動金利になっている多くの融資が債務不履行になり、MBSの格付けが急激に引き下げられたのである。

07年夏以降の展開は、まことに急だった。株価とドルの下落はとめどもなく続き、投機資金は、証券化商品から脱出して商品市場に移った。金《きん》が1オンス1000ドルを超え、原油価格も08年初めに1バレル100ドルを超えた（図表1－1）。

08年3月には、アメリカ第5位の証券会社ベア・スターンズの経営が行き詰まった。同社は老舗《しにせ》証券会社で、MBS取引で全米第2位の実績を持ち、CDOでも全米トップクラスの実績を持っていた。そして、これらの商品をヘッジファンドなどの機関投資家に販売していた。

ただ、この時期には、問題はサブプライムローンに限定されたものだとの理解が一般的だった。日本では、「対岸の火事」だとする見方が大勢だった。「日本はアメリカの金融危機と関係がない。だから、08年は緩やかながら成長が続くだろう」という見方だ。

08年9月になって、住宅金融公社のファニーメイとフレディマックの経営危機が顕在化した。両機関が関連する住宅ローン証券は、5兆ドルという巨額のものである。これは、アメリカの住宅ローン残高12兆ドルの半分近くになる。ここで、問題は一部の金融機関に限定されたものではないことが明らかになった。アメリカ政府は、ファニーメイとフレディマックを政府の管理下に置くと発表した。

リーマン・ブラザーズが経営破綻

信用不安は、アメリカの金融業界全体に急速に広がった。借り手の返済能力を疑う金融機関が融資を行なわなくなったため、企業の資金繰りが難しくなり、金融以外の事業も含めて、経済活動が停止に近い状態になってしまった。

2008年9月15日、158年の歴史を持つアメリカ第4位の証券会社リーマン・ブラザーズが経営破綻した。同日、第3位の証券会社メリルリンチはバンク・オブ・アメリカに買収されると発表した。

そして、アメリカ最大の保険会社であるAIGの経営危機説が急浮上した。同社の株価は60%以上も下落した。AIGが破綻すると4000億ドルものCDS保証が不履行となり、市場に重大な影響が及ぶ。これを危惧したFRB（米連邦準備制度理事会）は、最大で約850億ドルの融資を承認した。これと引き換えに、アメリカ政府がAIGの株式の約80

%を取得する権利を確保し、政府の管理下で経営再建が行なわれることとされた。

投資銀行のゴールドマン・サックスとモルガン・スタンレーは、銀行持ち株会社となった。これによって、アメリカの主要な投資銀行はすべて消滅した。アメリカの金融機関は、わずか数日間で大きく変貌したのである。それは、「投資銀行モデルの終焉《しゅうえん》」と表現されることが多い。

このような事態の進展に対処するため、最大7000億ドルの公的資金を投入して金融機関から不良資産を買い取る金融安定化法案が提案され、政府・議会の協議で合意にこぎ着けた。

しかし、9月29日、米下院は金融安定化法案を否決した。これは予想外のことだったので、同日のニューヨーク株式市場のダウ平均株価は、史上最大の下げ幅となる777・68ドル安を記録した。10月1日、米上院は下院が否決した金融安定化法案を修正して可決した。10月14日、アメリカ連邦政府は、金融機関に対する公的資金注入計画を発表した。不良資産救済プログラム（TARP）と呼ばれたこの計画は、当時のアメリカGDPの約5%にあたる7000億ドルを金融機関につぎ込もうとするものだった。この主たる目的は、CDSの支払いが滞るのを防ぐことである。とりわけ、大量のCDSを引き受けていたAIGの倒産を防ぐことだった。

3　投資銀行の変貌

イギリスのマーチャントバンクとビッグバン

金融危機を理解するには、その背景を知る必要がある。1つはこれまで述べた金融革新だが、もう1つは、金融機関の変貌である。以下では、1980年代から90年代にかけて、欧米の金融機関がどう変わったかを概観しておこう。

日本の銀行は、個人や企業から預金を受け入れ、貸付という形で企業に資金を供給するのを主たる機能としている。これを間接金融という。ドイツの金融も、日本と似ている。

これに対して、イギリスやアメリカにおける産業資金の供給方式は、直接金融が中心だ。これは社債市場や株式市場から資金を調達する仕組みである。

直接金融を支えたのは、イギリスではマーチャントバンク、アメリカでは投資銀行と呼ばれる金融機関だ。これらは日本にはないタイプの金融機関なので、日本人にはあまりなじみがない（なお、イギリスやアメリカにおいても、日本の銀行と同じような機能を果たす銀行である商業銀行は存在する）。

マーチャントバンクや投資銀行の中核業務は、引受業務（アンダーライティング）と呼ばれるものである。企業が社債や株式を発行して資金を調達する場合、発行者が購入者に直接販売するわけではない。いったんマーチャントバンクや投資銀行などの引受者が発行会社から証券を買い取り、それを投資家に販売する。引き受けた社債や株式を売り切ることができなければ、引受者が残額を引き取らなければならない。そうした事態に陥らないために、発行条件や発行額を的確に決める必要がある。それには、高度の金融知識や判断が必要だ。

間接金融では、多数の支店を持って、大量の預金を集めることが重要だ。これは、いわば「物量作戦」である。それに対して直接金融では、「少数精鋭作戦」が必要になる。このため、高い収益率を実現することができた。

86年、イギリスの首相サッチャーが、「ビッグバン」と呼ばれる金融の自由化を行なった。参入障壁が低下したため、アメリカやヨーロッパ大陸の銀行がロンドンに進出した。最初はマーチャントバンクからの人材の引き抜きを行なったが、次第にマーチャントバンクそのものの買収を始めた。そして90年代の後半には買収が加速した。

ヨーロッパ大陸には、アメリカのような銀行業と証券業分離の規制（次項参照）がなかったので、「ユニバーサルバンク」と呼ばれる商業銀行業務と証券業務を兼務する巨大銀行があった。進出してきたのは、こうした銀行である。なお、アメリカの銀行も進出した。

こうしてロスチャイルド以外のマーチャントバンクは消滅したのである。そしてロンドンの金融街シティは、外国の金融機関が活躍する場になった。

これは、「ウィンブルドン現象」と呼ばれる。ロンドン郊外で行なわれる国際的なテニス大会で、イギリス人の選手が活躍するのではないことになぞらえたものだ。しかし、「人材が活用されて経済が活性化し、税収入が増えれば、それでよい」というのがイギリス人の考えだ。

参入してきた金融機関は、単に外国というだけでなく、新しいタイプのプレーヤーだった。マーチャントバンクは人的関係の利用には長けていたが、新しいファイナンス理論はあまり得意でない。先端的金融業務は、マーチャントバンクの古い体質では対応できなかったのだ。買収後に行なったのは、伝統的なマーチャントバンク業務というよりは、後に述べるような高リスクの投資だ。

アメリカの投資銀行とヘッジファンド

マーチャントバンクに対応するアメリカの金融機関が、投資銀行（インベストメントバンク）である。専門的な金融知識を駆使し、個人を取引相手にせず、企業や機関投資家、あるいは国を取引相手とする。パートナーシップ形態の組織で秘密主義、などといった点で、マーチャントバンクと似た存在だった。

投資銀行は、日本の銀行とはかなり違う。日本の銀行に近いのは、シティバンク、バンク・オブ・アメリカなどの商業銀行（コマーシャルバンク）だ。

投資銀行は「証券会社」と呼ばれることもある。ただし日本における証券会社の業務の中心が株式売買の取り次ぎであるのに対し、投資銀行の業務は、すでに述べたように、引受業務だ。また、M&A（企業の買収や合併）の斡旋《あっせん》、資産管理業務、年金ビジネスなども行なっている。

ところで、アメリカの金融機関も、1990年代に変質した。アメリカでは、大恐慌の後に作られた「グラス・スティーガル法」によって、商業銀行業務と証券業務の兼業が禁止されていたのだが、99年の金融制度改革法（グラム・リーチ・ブライリー法）によってグラス・スティーガル法が改定された。これによって、金融持ち株会社が証券、保険、投資信託などの業務を営めるようになった。また銀行は、金融持ち株会社を設立することとなしに、金融子会社を通じてこれらの業務を営むことができるようになった。

こうして商業銀行が投資銀行の業務に進出した。それまでは個人株取引の仲介を主たる業務としていたメリルリンチも、投資銀行業務に進出した。

もう1つの変化は、投資銀行の株式会社化である。これによって巨額の資金を扱えるようになった。こうした変化によって、投資銀行の業務も伝統的な証券引受業務から、証券化商品などへの高リスク投資にシフトしていった。

ヘッジファンドも変貌した。ヘッジファンドとは、機関投資家や富裕層らから資金を集め、運用するファンドのことである。すでに50年代から存在していたが、もともとの活動の中心は、裁定取引（市場の鞘《さや》取り取引き）だった。

しかし、90年代に参入が増えてヘッジファンド間の競争が激化し、投機的な取引を行なうようになった。92年のポンド危機や90年代末のアジア経済危機では、ジョージ・ソロスの「クォンタム・ファンド」が巨額の利益をあげた。ヘッジファンドは情報開示義務がないため公式な統計がなく、実態は正確に把握できないが、ファンド数は4000程度、純資産規模は4000億ドルに達すると言われている。

投資銀行が高リスク投資にシフト

投資銀行やヘッジファンドが行なった投資は、「ハイ・レバレッジ投資」と呼ばれる。

これは、少額の自己資本で巨額の借り入れを行ない、リスクの高い対象に投資することだ。借り入れ比率を高めることによって、ROE（自己資本収益率）を非常に高い値にすることができるのである。ただし、それは、大きなリスクを伴う。実際、投資対象の価格が下落したとき、巨額の借り入れが命取りになった。「借り入れで期待収益率が高くなっても、収益の変動が大きくなれば、投資の有利性が増したことにはならない」とは、ファイナンス理論の重要な警告である。

なお、「ファイナンス理論では、非常に稀な現象（しばしば「ブラックスワン」と呼ばれる）を無視しているのではないか？」と言われることがあるが、もちろんそのようなことはない。「ファイナンス理論は正規分布を仮定しているので、非常に稀な現象に対して相応の注意を払っていない」と言われることもあるが、これは単純な誤解だ。ファイナンス理論では、株価などは正規分布ではなく対数正規分布に従うとしており、ここでは、非常に稀な現象にも正しいウエイト付けがなされている。

アメリカの投資銀行は、自己資本の20〜40倍という借り入れを行なって証券化商品の業務を行なった。銀行は、証券化のための特殊な運用会社を設立して、こうした業務を行なった。これは、「シャドーバンキング」（陰の銀行）と呼ばれた。

こうしたビジネスモデルは、投資銀行が古くから行なっていたことではない。すでに述べたように、伝統的な投資銀行のビジネスとは、引受業務やM＆A仲介だ。それがバブルのなかで、収益率の高いハイ・レバレッジ投資にのめり込んでいったのだ。

4　理論を無視したから危機が起きた

ファイナンス理論の役割はリスクの評価

ここで、こうした投資と金融工学やファイナンス理論との関係について述べておこう。

これまで、CDOやCDSなどの新しい金融商品が登場したことを述べた。これらを作ること自体は誰にでもできる。

重要なのは、これらの金融商品の価値の評価である。つまり、それらに伴うリスクを定量的に評価して現時点での価値を求めることである。これを「価格付け」と言う。

これは、数学的にきわめて難しい問題なのだが、1970年代にフィッシャー・ブラックとマイロン・ショールズによってオプション価格式が開発され、可能になった。それが実務に応用され、現実の金融ビジネスを変えたのだ。

80年代から90年代にかけて、情報・通信分野で大きな技術革新があったことを、第2章で述べた。それだけでなく、金融技術の面でも、大きな変化があったのだ。

しかし、日本は、こうした金融技術革新を取り入れることができなかった。日本は、この面で世界の先進国から決定的に取り残されてしまったのだ。

日本の金融機関は、CDOやCDSにはほとんど投資していなかった。しかし、それは、「慎重な検討の結果、手を出さなかった」ということではない。単にこれらの投資対象を知らなかっただけのことである。

日本の金融機関は、今に至るまで、CDSを取り扱う能力を持っていない場合が多いのではないかと推測される。日本が遅れた最大の理由は、研究・教育体制の遅れだ。金融革新の基礎となったファイナンス理論は、大学で取り上げるべきでないという考えが強かったからだ。今に至るまで、先端金融分野で日本は世界水準にまったく追いつかない。

なお、日本でも、80年代のバブル期に「財テク」と呼ばれた投資が行なわれた。しかし、これは、金融技術でも何でもなかった。日本の金融自由化に歪《ゆが》みがあったために、企業が海外などで安い金利で資金調達して国内で運用すれば金利差を稼げただけのことである。

先端金融やアメリカ型経済が失敗したのか？

リーマンショックの後、金融業やアメリカ経済に対する批判が急増した。

アメリカの金融セクターが問題を引き起こしたことから、「金融は地に足がつかない虚業であり、濡《ぬ》れ手で粟《あわ》の怪しげなビジネス」という意見が多く見られた。また、「アメリカ経済が崩壊した」とか、「資本主義自体がだめになった」という意見が大流行した。

日本では、先端的な金融ビジネスが弱いことの裏返しとして、こうした議論が歓迎された面もある。そして、「日本はものづくりに強いのだから、金融立国などということを考えず、ものづくりに励むべきだ」と主張されることが多い。

しかし、これらは、いずれも状況を正確に把握していない。まず、「先端金融理論が無謀な投機を引き起こし、金融危機を招いた」というたぐいの議論について。

これは、金融工学やファイナンス理論に対する無理解に起因する誤解である。すでに述べたように、ファイナンス理論によって新しい金融資産の価格付けが可能になった。しかし、実際には、そうした評価を行なわず、不完全な指標である「格付け」に頼ったのだ。あるいは、ＣＤＳの引き受けを「高額の手数料が得られる有利な投資」と考えて、安易に行なった。したがって、「金融工学やファイナンス理論が問題を引き起こした」のではなく、まったく逆に、「これらを用いなかったから投資が失敗した」のである。

金融技術は、経済の効率性を改善する。しかし、他方において、悪用することもできるし、誤用もある。それはどんな技術についても言えることだ。悪用や誤用の結果生じる問題は、金融機関破綻などの劇的な形で現れることが多いので、目につく。それに対して、効率性改善の効果は、なかなか意識されない。だから、問題点のみが強調され、それを見て批判が行なわれる。そして、「新しい金融技術＝悪」という誤解が広まってしまうのだ。

また、つぎの点にも注意が必要だ。投資銀行モデルは破綻したが、これは、投資銀行がハイ・レバレッジ投資による投機にのめり込んだことの結果だ。投資銀行業務が、必然的にこうした高リスク投資を行なうわけではない。

実際、アメリカの金融機関がすべてだめになったわけではない。ゴールドマン・サックスやバンク・オブ・アメリカは、２００９年度に入って危機以前の水準の利益を回復し、09年6月までに、ゴールドマン・サックスは１００億ドルの公的資金を、12月までにバンク・オブ・アメリカは４５０億ドルの公的資金を完済した。総額４５０億ドルの注入を受けたシティグループは、09年12月までに２００億ドルの資金返済を完了した。残りの２５０億ドルについて、政府はシティの普通株に転換することで合意した。

第2に、「アメリカ経済、あるいは資本主義そのものがだめになった」というたぐいの議論について。

まず注意すべきは、アメリカ投資銀行のハイリスク・モデルの崩壊とともに、日本の「ものづくり輸出立国モデル」も崩壊したことだ。これらは、互いに支え合っていた。そして、次章で見るように、アメリカ、イギリスより日本の落ち込みが激しかった。

さらに重要なことは、アメリカ経済はきわめて早く立ち直ったことだ。しかも、危機を起こした金融セクター自身が立ち直ってしまったのだ。それに対して日本の輸出産業は、立ち直ることができなかった。

なぜこうなったのか？　それは、これまでの各章で見てきたように、アメリカ経済が長期的トレンドに適合した変化をしているのに対して、日本経済は長期的トレンドに適合してない（あるいは逆らっている）からである。経済危機とは、アメリカ経済（あるいは広く「市場型経済」）の行き過ぎと、その調整であったと考えるべきものだ。

もっと詳しく知るには

アメリカ金融危機については、すでに多数の著作が書かれている。金融危機はテクニカルな内容を含むので、簡単には理解しにくい。そこで、以下にいくつかの参考文献を紹介しておこう。これらは、専門書ではなく、ファイナンス理論の専門知識がなくても読めるものだ。

アメリカ金融危機を引き起こした第1の原因は、すでに述べたように、投資銀行がリスク投資に走ったことだ。ローレンス・マクドナルド、パトリック・ロビンソン『金融大狂乱　リーマン・ブラザーズはなぜ暴走したのか』（徳間書店、２００９年）の著者は、投資銀行が過大なリスク投資にのめり込んでいく現場の間近にいた。リーマンのトップが金融工学についてまったく無理解だったと指摘してあるのは、興味深い。著者は証券化とは別のセクションにいたので、批判的に見ていた。信じられないようなバブルが生み出される背景がよく分かって、サスペンス小説なみのおもしろさだ。

ジリアン・テット『愚者の黄金』（日本経済新聞出版社、２００９年）は、CDSやCDOという金融商品が「発明」され、膨張してゆく過程を、JPモルガン（後にJPモルガン・チェース）のグループを中心に描いている。モルガンは、CEOジェイミー・ダイモンの適切なリーダーシップの下、リスク管理にこだわり、金融危機をくぐりぬけた。日本では、「金融工学が金融危機を起こした」というたぐいの論評が多いのだが、ファイナンス理論を無視した無謀な投資こそ破綻の原因なのだ。こうした無責任な論評をしている人は、「エピローグ」だけでもよいから『愚者の黄金』をぜひ読んでほしい。

ジョン・カシディー『「世界大不況」は誰が引き起こしたか――米国「金融エリート」の失敗』（講談社、2009年）は、メリルリンチ前会長兼CEOスタンレー・オニールの暴走を取り上げている。

金融危機の第2の原因は、FRB（米連邦準備制度理事会）が住宅価格バブルを放置したことだ。『「世界大不況」は誰が引き起こしたか』は、FRB議長ベン・バーナンキがバブルを抑えなかっただけでなく、理論的にそれを擁護したと指摘している。さらに、危機発生後の大規模な対応は、経済理論とかかわりのないものだったと説明している。

ジョン・B・テイラー『脱線FRB』（日経BP社、2009年）は、FRBの超緩和金融政策がバブルを引き起こし、危機発生後の対応を誤ったと主張している（著者は、金融政策に関する「テイラー・ルール」の提唱者として有名）。

アンドリュー・ロス・ソーキン『リーマン・ショック・コンフィデンシャル』（早川書房、2010年）とデイビッド・ウェッセル『バーナンキは正しかったか？――FRBの真相』（朝日新聞出版、2010年）は、アメリカ金融危機の内幕を明らかにしている。詳細なドキュメンタリーなので、これまで明らかでなかった事実を知ることができる。たとえば、7000億ドルの公的資金は、当初は金融機関の不良債権買い取りのためだとされていたのだが、『バーナンキは正しかったか？』は、最初から公的資金注入が目的だったとしている。そうであれば、議会を欺いて納税者の金を使ったことになる。「時間的制約がきわめて厳しい状況下の緊急危機対策は、民主主義の原則と両立するか？」というたいへん難しい問題が提起されるわけだ。本書には、法令解釈ぎりぎりのところで「発明」された非正統的政策手段がいくつも紹介されている。

金融危機ドラマの中心人物は、当時アメリカ金融政策の中枢にいたヘンリー・ポールソン、バーナンキ、ティモシー・フランツ・ガイトナー、そしてリーマンのCEOリチャード・S・ファルドなどだ。ただし、これまで述べた文献を読むと、本当の主人公は「市場」であったのだと痛感する。登場人物は、結局のところ「市場」に振り回されただけではなかったのかと感じる場面が多い。日本も1990年代に金融危機を経験したのだが、危機の進展速度、金融機関や政策当局の対応の迅速さなどの点で、アメリカの場合はずいぶん違う。この差が生じる最大の原因は、日本の場合には「市場」が主人公ではなかったことなのだ。

日本の場合とのもう1つの違いは、ジャーナリズムが果たした役割だ。2001年に起きたエンロン倒産のきっかけは、『フォーチュン』誌や『ウォールストリート・ジャーナル』が株価に疑問を呈したことだった。今回の金融危機においても、ヘッジファンドの運用者デイビッド・アインホーンによるリーマンの会計処理の批判が1つのきっかけだ。それに対して日本では、ライブドアのように実体が何もない企業の株価が高騰したとき、ジャーナリズムも金融関係者も放置した。

日本では、企業に追従して賛美する著書はあっても、分析に基づいて疑問を提起する本がない。企業の内情を知る人は企業に不利なことは書かず、金融・証券関連者は株価が下がるような発言はしない。日米経済ジャーナリストの実力の差は歴然としている。

5　アメリカ経常赤字の拡大

アメリカ経常収支赤字の推移

「金融危機は、『アメリカの投資銀行の貪欲さ』によって引き起こされた」と言われることが多い。この説明自体は間違いではない。しかし、それでは、十分な説明にはならない。なぜなら、「貪欲さ」は、いつの時代の、どんな国にもあるからだ。

特定の経済的な背景があったからこそ、「貪欲さ」が世界経済をゆるがすほどの問題を

図表6-2　アメリカ経常収支の推移

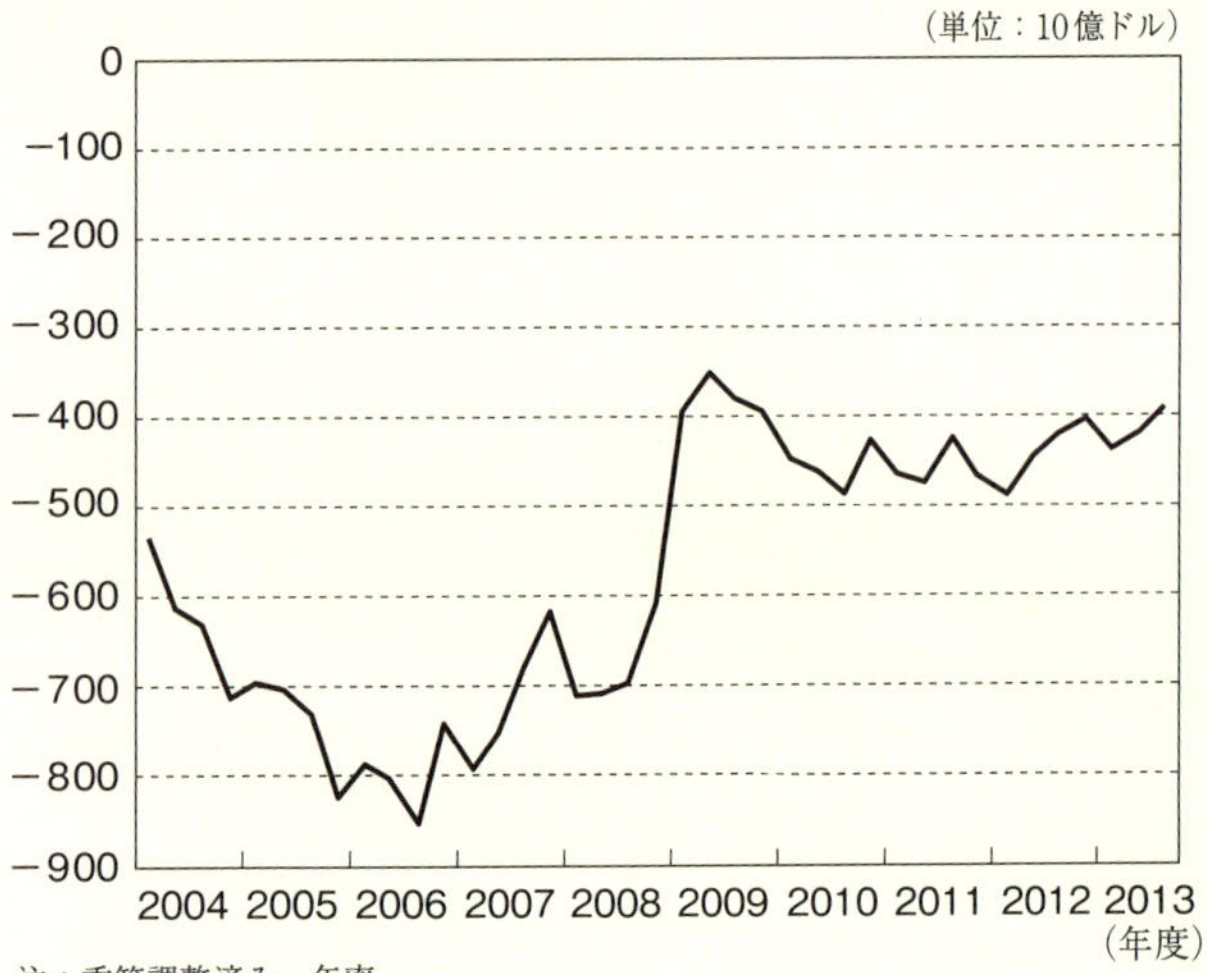

注：季節調整済み、年率

引き起こした。この問題は、国際収支、国際資本移動、最先端金融工学などがからむ、かなり複雑なものだ。

とくに、マクロ経済的な背景が重要である。以下の説明で強調したいのは、「アメリカの住宅バブル膨張の過程に、日本が深くかかわっていた」ということだ。少なくとも、日本の存在がなかったら、アメリカの住宅バブルが発生したかどうかは、疑問だ。

アメリカの経常収支の対GDP（国内総生産）比を見ると、1991年には黒字になったが、その後、ふたたび増加に転じた（「経常収支」とは、国際収支上の概念で、貿易収支、サービス収支、所得収支などの合計）。とくに、90年代末からの悪化が著しい。対GDP比は98年約2％、99年約3％、2000年約4％と高まり、06年には6・15％という未曾有《みぞう》の水準まで上昇した。額で言えば、1999年には2739億ドルであったが、2006年には7716億ドル、07年には7186億ドルである。

経常赤字を拡大させた原因は、個人消費の増加だ。個人消費の対GDP比は、1980年代の中ごろまでは60％台の前半で安定していたが、87年以降上昇を始め、2002年には70％を超えた。1970年代までの水準に比べれば8％近く高くなっている。90年代の半ば以降、アメリカ経済が好調で、アメリカ人の消費が増えたのである。住宅価格が上昇し、その影響で消費がさらに増えた。また、住宅建設も増えた。

個人消費の増加と対外経常収支の赤字増加は、ほぼ歩調を揃《そろ》えており、増加額もほぼ見合っている。したがって、「80年代の後半以降、アメリカ経済の順調な成長に伴ってアメリカ人の生活が豊かになり、それが経常収支の赤字増大になって表われた」と解釈することができる。たとえて言えば、アメリカは、借金で過大な消費を行なっている家計と同じようなことを行なっていたのである。

資本取引による黒字還流

巨額の経常収支赤字はアメリカからの資金流出を意味するが、それは黒字国からの資本流入によってアメリカに還流する。

しばしば、「アメリカが経常収支赤字を続けられるのは、ドルが基軸通貨であり、いくらでもドル紙幣を刷ることができるからだ」と言われる。しかし、これは誤解である。アメリカが1971年にドル・金の交換を停止して以来、ドルには実物資産の裏付けは何もない。だから、際限なくドル紙幣を刷れば、その価値が下落してしまって、経常収支の赤字をファイナンスすることはできない。

資本流入が続くのは、アメリカへの投資が収益を生んで将来確実に戻ってくるとの見通しがあるからだ。つまり、アメリカ経済に対する信頼があるからこそ、経常赤字のファイナンスを続けられる。そしてドルは減価せず、購買力を持ち続けられるのだ。

アメリカに対して巨額の黒字を記録していたのは、日本、中国、産油国だ。その黒字が資本取引を通じてアメリカに還流した。

日本は、この連関のなかで重要な地位を占めていた。したがって、経済危機は、対岸の火事ではなく、日本経済そのものの問題だったのだ。

なお、国際的な資本移動が巨額になったのは、それほど昔からのことではない。事実、日本では、為替取引をするには、実需の裏付けが必要とされていた。これを、「資本取引の実需原則」という。しかし実需原則は1984年に撤廃された。実需原則がなくなると、投機目的の国際間資本移動も自由に行なえるようになる。**6**で述べる「円キャリー取引」は、こうした背景の下で生じた。

イギリスの資金仲介機能

オイルマネーは、EUを経由してアメリカに還流している。その中心に位置しているのが、イギリスである。2007年のEUからアメリカへの投資約1兆ドルのうち、約6000億ドルがイギリスからのものだった。日本からアメリカへの投資は約680億ドルだから、その10倍近い規模の資金がイギリスから流入していたことになる。

イギリスは自国に蓄積した富を投資しているのではない（実際、イギリスの経常収支は赤字である）。海外から投資を受け、それを海外に投資している。つまり、国際的な金融仲介を行なっているのだ。

イギリスはオイルマネーを受け入れているだけではなく、アメリカからも巨額の投資を受けている。また、円キャリー取引でも、経由国になっている。

イギリスの世界的金融仲介活動が顕著になったのは、1995年ごろからである。これは、「ビッグバン」（86年に行なわれた金融自由化）によって、イギリスの伝統的な投資銀行であるマーチャントバンクが、アメリカ、ドイツ、オランダなどの金融機関に買収された時期と一致している。

このような資金の動きは、２００４年ごろからとくに巨額になった。04年以降、イギリスからアメリカへの投資は継続的に４０００億ドルを超えている。

6　円安バブルの進行

アメリカ住宅バブルと無関係でない円キャリー

アメリカの金利が日本の金利より高くても、為替レートが円高になれば、為替差損が金利差収入を帳消しにしてしまう。しかし、円安が継続すると、円からドルへの転換が金利差による利益を生み続ける。そのため、円で借りて高金利通貨の資産で運用するという取引が増える。これが「円キャリー取引」と呼ばれるものだ。

国際決済銀行（ＢＩＳ）の『クオータリー・レビュー』（２００７年６月）によると、円キャリートレードは２００４年半ばから顕著になり、05年第４四半期に顕著に増加した。貸し手は日本の銀行であり、借り手はイギリス、シンガポール、ケイマン諸島などの金融機関だ。それがヘッジファンドなどの投機取引の資金になったと考えられる。正確な取引規模は把握されていないが、国際通貨基金（ＩＭＦ）の07年４月の報告によると、１７００億ドルだ。英経済誌『エコノミスト』（07年2月）の推計では1兆ドルである。

このように、推計値には大きな幅があるものの、つぎのことが注目される。すなわち、アメリカのサブプライムローンの残高は1兆ドル程度と言われているが、右で述べた円キャリートレードの規模は、それに匹敵する規模のものなのである。

これらはたまたま一致しているわけではない。円キャリーで調達された資金が直接にサブプライム関係に投資されたのでないとしても、円キャリーによって流入した資金が、回りまわってサブプライムローン関連金融商品に回った可能性はじゅうぶんある。

円での調達コストが低いため、こうしたことが生じるのである。そしてこのことがアメリカの金利を低く抑えるのに寄与した。事実、アメリカは04年6月に利上げに転じ、以後も利上げを続けたにもかかわらず、長期金利は上昇しなかった。第5章の**2**で述べたように、グリーンスパンは議会証言でこれを「謎」と呼んだ。円キャリーによってアメリカに流入した巨額の資金は、この現象と無関係ではなかったはずである。

実際、サブプライムローンが顕著に増加したのは04年から06年にかけてであり、すでに述べた円キャリーの拡大とほぼ同時期だ。

円安バブルで旧体制が温存された

円安が継続して円から外貨への転換が金利差による利益を生み続けたため、国内の個人投資家による外貨預金や外貨建て投資信託も増えた。

さらに、借り入れによって自己資金を上回る外貨投資を行なう「FX取引」（外国為替証拠金取引）にのめり込むデイトレーダーも目立つようになった。その規模は数兆円程度と見られている。「主婦がFX取引で数億円の利益を得た」というたぐいのニュースも伝えられた。

これらも、広義の円キャリートレードである。このような取引が増加すると、円売り外貨買いが増えるので、円安が進行する。つまり、円安が自己増殖する。こうして、本来は長期的に継続できないレベルの円安が継続した。これは、一種のバブルである。

それにもかかわらず、円安は国際的に大きな問題とされなかった。それは、アメリカが脱工業化を実現したため、製造業の利害が政治に反映されなくなったためと考えられる。

2002年ごろから07年ごろまでの輸出主導経済の中心は、アメリカの住宅ブームと異常な円安に乗った自動車輸出ブームだったのだ。円安、日本の自動車輸出、アメリカの住宅価格高騰、証券化商品への投資ブームは、連関した動きであり、どこかが崩れるとすべてが崩壊するバブルの仕組みだった。

したがって、経済危機によって為替レートが急激な円高に変わり、日本の輸出が急減したのは、偶然ではなく、必然だったのである。

このような異常な円安に支えられて、輸出関連企業の業績が回復した。そして、株価も低迷状態から脱却することができた。円安政策によって、旧体制が温存されたのだ。

第７章
リーマンショック後の世界

リーマンショック後、世界経済は大きく変わった。日本が受けた打撃はきわめて大きかった。その半面で、中国経済の相対的な重要性が増すように思われた。本章では、リーマンショック後の日本経済、中国経済、アメリカ経済について概観することとする。

◇◇◇◇◇◇◇◇◇◇◇◇◇

1 GDPが年率2ケタ減

傷が最も深かったのは、日本

2008年秋以降、日本の輸出は急激に落ち込んだ。これによって日本経済は、石油ショック時に匹敵する大きな落ち込みを経験した。

08年10〜12月期の実質GDPは、前期比マイナス3・3％となった。年率では、マイナス12・1％である。

四半期ベースで見てマイナスの成長率になったことはこれまで何度かあるが、年率で2

ケタの落ち込みは、石油ショック直後に前期比マイナス3・4%、年率マイナス13・1%となった1974年1〜3月期以来のことだ。GDPの構成要素を見ると、輸出の落ち込みと設備投資の落ち込みが激しい。

80年代以降、世界経済は、ブラックマンデイ、アジア通貨危機、ITバブル崩壊などの危機を経験してきた。これらは、直接の関係者には深刻な問題だったろうが、世界的なスケールから見れば、一部の出来事だった。90年代の日本のバブル崩壊も、日本では戦後最大の経済問題だったが、世界経済の動向に影響を与えるようなものではなかった。これに比べて、アメリカ金融危機がもたらした影響は、ずっと深刻で、ずっと広がりが大きかった。FRB議長アラン・グリーンスパンが「100年に一度の危機」と言ったのは、けっして誇張ではない。

とくに、日本の立場から言うとそうだ。この期間の実質GDPの成長率（年率換算値）は、日本がマイナス12・1%だったのに対して、ユーロ圏はマイナス5・9%、そしてアメリカはマイナス6・2%だったのだ。傷が最も深かったのは、日本だった。アメリカ投資銀行のハイリスク投資モデルは第6章で見たように破綻したが、日本の輸出立国モデルも同時に破綻したのだ。

マイナス10％を予測したが、信じられなかった

しかし、GDP統計発表前の時点では、楽観論が支配的だったのである。

私は、2008年12月に刊行した『世界経済危機 日本の罪と罰』（ダイヤモンド社）の序文で、「これから日本を未曾有の大不況が襲う」と書き、本文では「五％のマイナス成長もあり得る」と書いた。これは、輸出の落ち込みだけによる影響である。それによって設備投資などが減少すればGDPの落ち込みはもっと激しくなるはずだが、あまりに異常な数字になってしまうので、あえて書かなかった。

カバー折り返し部分のコピーで数字を書こうかとだいぶ迷ったが、5％の落ち込みでも、当時の一般的判断とはあまりにかけ離れていたので、「成長率がマイナス数％になる」と書くにとどめた。

本文では、「IMFによる予測（〇八年一一月）では、〇九年度の日本の経済成長率はマイナス〇・二％だが、こんな程度で済むとは思えない」と書いた。

08年11月ごろの段階では、経済成長率が低下するという予測はあったものの、マイナス成長という予測は、IMF予測を除けば、私の知るかぎりはなかったのである。

それから1ヵ月後に明らかになった新しいデータを用いて計算を行ない、私は「経済危機が終息するまでに、日本の実質GDPが一〇％程度落ち込む」と『週刊ダイヤモンド新

年合併号』（08年12月27日／09年1月3日合併号）に書いた。モデル計算の結果ではそうなるのだが、現実にそうしたことが起こるとは、私自身が信じられない思いだった。

事実、08年12月になっても、08年度の経済成長率をプラスとする予測がほとんどだったのである。12月下旬には、アナリスト予測の多くが、見通しを下方修正し始めた。それでも、これまでのプラス成長予測をマイナス0・1％にしたとか、0・4％にした程度のことであった。日銀の見通しは、08年度0・1％増、09年度0・6％増だった。しかし、このようなことで収まるはずはなかったのである。

「一〇％落ち込む」というのは、日本経済が02年ごろの状態に後戻りするということであり、株価はすでにその当時の水準まで下がっていることを考えれば、ありえないことではなかった。しかし、世の中で言われているのとまったくかけ離れた予測を書くことに、大きな戸惑いがあった。

多くの人は事態をそれほど危機的なものとは見ていない。皆が平静なのは、理由があることだろう。すると、私のほうが間違っているのではないか？　こうした疑いを振り払えなかったのである。

それからわずか2ヵ月後に、本章の最初で述べた「2ケタのマイナス成長」が現実の数字として発表された。日本経済がきりもみ状態で落ちてゆくことの恐怖を感じた。

輸出総崩れで26年ぶりの貿易赤字

日本のGDPが大きく落ち込んだのは、輸出が急減したからである。

対米輸出はすでに2007年中から減少に転じていた。08年8月の貿易収支は、2360億円の赤字と、26年ぶりに赤字になった。貿易収支が赤字になったのは、資源価格の高騰で輸入が大きく膨らんだことに加え、対米輸出が前年比マイナス21・8%と大幅減になったからだ。9月には赤字は免れたものの、輸出額は対前年比94・5%という大幅な減少となった。

対米輸出減は、08年秋以降加速した。12月には、対前年比36・9%の減、09年1月には52・9%の減になった。

また、08年夏まではプラスの伸びを続けていた対中国輸出が、10月以降は減少に転じた。12月には対前年比で35・5%の減、1月には45・2%減になった。

アメリカへの輸出が減少したのは、アメリカの消費が落ち込んだからだ。それは、住宅価格が低下したために、住宅を担保にした消費者ローンが収縮したためだ。

ここで重要なのは、アメリカは輸入国であるため、消費が縮小しても輸入が減るために、GDPに対する影響は緩和される(つまり、自国の生産が受ける影響は少ない)ということだ。アメリカの消費減によって大きな影響を受けたのは、輸出国である。とくに、日本と中国だ。ところが、多くの日本人は、この認識を持っていなかった。

「日本の出番」どころか、日本の大危機

2002年から09年頃にかけて起ったのは、世界的なバブルの膨張と崩壊である。第6章で述べたように、バブルは、アメリカにおいて、住宅価格、証券化商品、消費支出、経常収支赤字において生じた。

それだけでなく、為替レートで円安バブルが発生し、日本の輸出が顕著に増加した。第6章で述べたように、日本はバブル膨張の過程に深くかかわっていた。超低金利と円安によって輸出を増加させ、それによって生じた貿易黒字を対米投資でアメリカに還流させた。それがアメリカの住宅価格バブルを増幅させ、自動車などの耐久消費財の需要をさらに増やしたのだ。02年以降の景気回復も、このような世界的バブル膨張の一環として生じた。そのバブルが崩壊したのだから、影響が日本に及ばないはずはない。

上場企業の08年9月中間決算の発表が10月末に相次いでなされたが、輸出企業を中心に、主力企業の下方修正が相次いだ。

それにもかかわらず、「アメリカ経済はたいへんな問題を抱えているが、日本経済は比

較的健全だ」という意見が強かった。株価下落は、アメリカの火事の日本への延焼にすぎず、日本経済の本質的問題の露呈とは考えられていなかったのだ。「現在生じていることに日本は直接のかかわりを持たず、アメリカの景気後退によって間接的に影響を被るだけだ」と考えられていたのである。

しかし、日本は、アメリカの影響を受けるのではなく、問題の中心に位置していたのである。貿易収支赤字化は、そのことを明確に示していた。問われていたのは、これまで温存されてきた古い産業構造そのものである。

日経平均株価は、08年10月27日に、91年以降の最安値を更新した。株価に関するかぎり、日本は26年前に戻ってしまったことになる。

それにもかかわらず、「9月以降の株価下落は極端であり、日本経済の実態を反映していない」との意見があった。新聞には、そうした意見が多数掲載された。たとえば、10月15日のある大新聞は、株価の底値についてのアナリストの予測を顔写真入りで掲載した。しかし、そこで掲載されていた予測は、わずか12日後に、すべて外れてしまった。

「日本の傷は比較的浅い」との認識は、とくに政治家で一般的だった。彼らは、ほとんど危機意識を持っていなかったのである。

08年9月にリーマン・ブラザーズが破綻した際、日本への影響を尋ねられた与謝野馨経済財政担当相（当時）は、「蜂が刺した程度」と発言した（その後、「蚊に刺された程度の軽いものではないという意味だった」と釈明した）。

麻生太郎総理大臣は、所信表明演説のなかで「米国経済と国際金融市場の行方から目を離さず」と述べた。これは、現在の危機は他人事であり、対岸の火事であるとの認識だ。

麻生首相は、さらに、国連総会で「資本注入に関して日本の経験を教える」と言った。

しかし、第5章で見たように、日本の経験はそれほど自慢できるものではない。それより何より、日本経済の基本が破綻しつつあったことを考えると、「日本の出番だ」などというのは世迷《よま》いごと以外の何物でもなかったのだ。

2　中国の経済対策と不動産バブル

4兆元の景気刺激策

経済危機に対処するため、中国政府は、２００８年後半から巨額の景気刺激策を実施した。これは、インフラ投資を中心とした4兆元の支出を、10年末までに行なうというものだった。その結果、10年の中国GDPに占める投資の比率は、46・2％という異常な値になった（日本での最大値は、1973年の36・4％）。そして、GDP成長率は、2009年1～3月期に底を打ち、4～6月期には約8％に改善した。

この実行にあたっては、中央政府の予算が拡大しただけでなく、政府の貸出拡大要請を受けた銀行の融資拡大が大きな役割を担った。貸出金利は、08年の下半期に大幅かつ急激に引き下げられた。

不動産に関しては、住宅取引関連税の税率引き下げまたは免除、住宅ローン金利の引き下げ、2戸目住宅購入規制の緩和などを実施した。このため、不動産業の投資が大幅に増えた。また、4兆元経済対策の効果もあり、不動産価格が高騰した。

中国が行なった大規模な景気政策の状況を、国家統計局のサイトにある固定資産投資のデータで確認しよう。

09年1～12月の対前年同期増加率を見ると、まず全国の平均値が30・5％ときわめて高い値を示していることが注目される。地域別に見ると、中部地区と西部地区が、それぞれ36％と35％という非常に高い伸び率だ。

さらに細分化された地域区分で伸び率が4割を超えているところを見ると、天津、河北、山西、湖南、四川となっている。これは、北京、上海、広州、深圳、西安、重慶を結ぶ地域である。

一般に、「経済危機後の景気刺激投資は内陸部を中心に行なわれた」と言われているのだが、この数字を見ると、後進地域開発的な投資が行なわれたわけではなく、将来の経済発展のための先行投資的な意味合いが強かったと推察される。

対前年伸び率は、部門別によってかなり大きな差がある。「交通運輸、貯蔵および郵便」が、前年比48・3%というきわめて高い伸び率になっている。なかでも、鉄道運輸業は、67・5%という驚異的な伸びだ。高速鉄道の建設がこのときの重点投資だったことが分かる。これは、先に見た地域分布が、北京、上海、広州、深圳、西安、重慶を結ぶ地域に集中していることと平仄《ひょうそく》が合っている。道路運輸業も、40・1%という高い伸び率だった。

大きな変動を経験した住宅価格

中国の住宅価格は、経済危機後、大きな変動を経験した。まず、2008～09年においては、巨額の景気刺激策によって不動産業の投資が大幅に増え、不動産価格が高騰した。この時期には、投機目的での購入もかなり増加したと考えられる。

大都市の住宅価格は、年収の10倍超と、普通の勤労者の所得で購入できる限度をはるかに超えて高騰した。北京と広州、深圳がとくに高い伸びを示している。

ウィキペディア中国版に、「不動産価格が年不動産賃貸料の574倍にもなった」と書いてある。不動産価格は不動産賃貸料の割引現在値だから、仮に現在の賃貸料が将来も続くとすれば、不動産価格は賃貸料年額の数十倍になるはずだ。574倍というのは、まったく異常な値だとしか言いようがない。

不動産価格の状況を中国国家統計局の統計で見ると、09年1〜12月の新築住宅の対前年同月比指数が110を超えたのは、つぎの地区だ。北京113・2、天津111・2、南京111・7、広州119・9、深圳114・3、昆明110・8。なお、このとき上海は109・2だった。これ以外の都市は、105程度のところが多い。また、全国の平均値は109・1だった。つまり、住宅価格は全国的に高騰はしたものの、年率10%を超す高い伸び率は、全国的な現象というよりは、かなり限定された都市における現象だった。

日本の輸出増に与えた影響

リーマンショック後の2008年10〜12月期と09年1〜3月期に、日本の実質輸出は、それぞれマイナス45・2%、マイナス69・0%というきわめて大きな減少を記録した。

その後、09年4〜6月期から10年4〜6月期まで、実質輸出は高い伸びで増加した。落ち込んだこととの反動もあるが、それだけではない。10年10〜12月期まで、実額が増加し続けたのである。これは、主として中国への輸出が増大したからだ。そしてこれは、中国が強力な景気刺激策をとったからである。

この時期には、顕著に円高が進行したにもかかわらず、このように実質輸出が伸びたことに注意が必要だ。ただし、実質輸出が経済危機前のピークを回復することはなかった。これは、経済危機前の輸出が、アメリカの住宅価格バブルに支えられたものだったからだ。実質輸出が増加したため、実質GDPの伸び率も高まった。09年10〜12月期から10年7〜9月期にかけては、とくにそれが顕著だった。

中国経済の減速と不動産価格の低下

ところが、2010年ごろから、中国の状況が変わってきた。

固定資産投資の伸び率について、12年1〜10月の数字をそれまでの期間と比較すると、きわめて大きな変化が見られる。全体の伸び率は、30・5%から20・7%に落ちた。どの部門の伸び率も落ちているのだが、とりわけ「交通運輸、貯蔵および郵便」の伸び率が、48・3%から8・6%へと大きく落ち込んだのが印象的だ。なかでも、「鉄道運輸業」は、マイナス1・4%とマイナスの伸び率になっている。このような公共投資の大きな変動が、中国経済の成長率を低下させたのだ。

10〜11年には、住宅価格の動向も大きく変化した。住宅価格がバブルの様相を見せてきたため、中国政府は、価格抑制のため、10年に入ってから抑制策を打ち出した。投機性の強い住宅購入に対する融資条件の厳格化をはかり、2戸目住宅購入規制を強化した。また、金融引き締めを行なった。

この結果、北京市、上海市、深圳市などでは、住宅価格が下落した。11年11月、上海市で住宅価格が2〜3割下落し、高値で購入したオーナーが開発業者に抗議する動きに発展した。北京市や深圳市などでも、一部の物件で3割の下落率を記録した。価格下落は、中都市にも波及した。なお、12年になって、経済成長率の落ち込みが明らかになったことからふたたび緩和策が行なわれ、住宅価格は回復したと見られる。

経済成長率の減速によって表面化したのが、不良債権の増加だ。景気刺激のための投資の多くが、「融資平台」によって行なわれた。これは、地方政府が設立した資金調達とデベロッパーの機能を兼ね備えた投資会社だ。ここを通じる資金調達は、「シャドーバンキング」(陰の銀行)と呼ばれる。

採算のとれない対象にも投資したため、不動産バブルが崩壊すると、債務償還が履行されず、銀行が不良債権を抱え込む危険がある。中国政府は、これが大きな問題ではないと繰り返し表明しているが、事態は深刻である可能性もある。

3 アメリカの金融緩和策

QE1でMBSの価格崩壊を防止

2007年から08年にかけてのアメリカ金融危機に対して、FRB（米連邦準備制度理事会）は、大規模な金融緩和を行なった。それに続き、数次の金融緩和策が打ち出された。08年の11月には、その第1弾（後に「QE1」と呼ばれる）が行なわれた。この政策の特徴は、つぎの2つだ。

第1は、金利ではなく、量的指標を目標とする「量的緩和政策」だったことだ。第2は、国債以外の資産も大量に買い取る「非伝統的金融政策」に踏み切ったことだ。具体的には、米国債を3000億ドル購入することに加え、MBS（住宅ローン担保証券。第6章参照）を1・25兆ドル購入した。

第6章で述べたように、アメリカ金融危機は、住宅ローンを証券化した金融商品の急激な値下がりによるもので、MBSはその中心に位置していた。QE1は、MBSの価格崩壊を防ぐための直接的な措置だった。この措置によって、MBSの際限ない価格崩壊は回避され、アメリカ金融危機の根本的原因は取り除かれた。

では、QE1は、実体経済にはどのような影響を与えたか？

失業率を見ると、07年11月までは4％台であったものが、12月には5％に上昇した。ただし、08年7月までは5％台にとどまっていた。ところが、8月から急上昇を始めた。失業率上昇の勢いは、QE1という大規模な金融緩和政策が行なわれたにもかかわらず衰えず、09年5月には9％台になった。そして、その後も9％台に張り付いて低下しなかった。このように、QE1は、雇用を増大させることはできなかったのである。

住宅価格も、09年5月まで低下を続けた。その後若干の上昇に転じたが、上昇というよりは「低迷」という状態であった。つまり、FRBによるMBSの購入は、住宅価格の崩壊は防いだものの、住宅価格を本格的に回復させるには至らなかったのである。

QE2も実体経済に影響なし

FRBは、2010年11月に、非伝統的金融政策の第2弾として、6000億ドルの米国債を買い取ることを決定した。これは、「QE2」と呼ばれる。QE1、QE2で供給された資金の合計は、2・3兆ドルに上る。

QE2は国債を購入する施策であったため、これによって国債価格が上昇し、利回りが低下することが予想される。ところが、実際に起きたのは、これとまったく逆のことだった。つまり、国債利回りは下落するのでなく、逆に上昇したのである。

10年債の利回りで見ると、QE2実施前の10月までに2・5%程度にまで低下していたのだが、11年2月には3・58%にまで上昇した。

こうなったのは、QE2によってインフレ期待が上昇したためだと言われる。実際に、インフレ率は、QE2前の1・2%から、3・1%に上昇した。

利回りはその後下落したものの3%台が続き、QE2以前の水準である2%台に戻ったのは、QE2が終了した11年6月になってからである。利回りはその後も低下を続けたが、これは、ヨーロッパ金融危機の影響で南欧国債から逃避した資金がアメリカに流入したからだ。

QE2が実体経済に与えた効果は、どうだったろうか。

失業率を見ると、QE2が行なわれた10年11月の9・8%をピークとして低下に転じた。しかし、その後ほぼ1年間にわたり、ほとんどの月において9%台だったので、「目覚ましい回復」とはいえない。住宅価格は10年6月にピークに達したあと、ふたたび下落に転じた。そして、QE2はこの傾向を逆転させることはできなかった。

以上で見たように、QE1、QE2に関して、失業率や住宅価格など実体経済への影響はほとんど認められない。ただし、マネーストック（経済に流通する貨幣の総額）は、若干増えた。つまり、銀行の貸し出しが増えて、信用創造のメカニズムはある程度働いた。

では、そのマネーは、どこに行ったのだろうか？　投資は増えなかった。効果は、主として資産価格の上昇に見られる。まず、株価急騰のきっかけになった。ダウ平均株価は、10年9月から11年3月ごろまでの間に3割近く上昇した。また、国債価格も上昇した。こうして、金融機関のバランスシートは急速に回復した。

何のためのQE3？

2012年9月、ECB（欧州中央銀行）がユーロ危機に対処するため、南欧国債の購入を決定した。これに引き続いて、9月13日に、FRBが、金融緩和措置の第3弾であるQE3に踏み切った。MBSを、月額400億ドルのペースで購入する。期限の定めはなく、「労働市場の先行きに十分な改善が見られるまで、適切な手段をとる」とされた。

以下で述べるように、アメリカの雇用が伸びず、賃金所得が増えていないのは事実である。しかし、それは、日本の場合と同じように、新興国の工業化という構造的要因によると考えられる。だから、金融政策で解決できないのは当然だ。

では、アメリカ経済は、全体的に落ち込んでいるのだろうか？

けっしてそうではない。経済危機の発生により、アメリカの実質GDPは落ち込み、09年の上半期にボトムになった。しかし、その後順調に回復し、11年第3四半期には、ほぼ経済危機前のピーク（07年第4四半期、08年第2四半期）を取り戻した。そして、12年第2四半期では、経済危機前のピークより1・8％程度高い水準になっているのである。

名目値で見ると、経済危機前のピーク水準（08年第2四半期）を取り戻したのは、10年の第2四半期である。そして、12年第2四半期には、08年第2四半期の8・3％増となっている。

GDPの構成要素を分解すると、企業利益の伸びが著しいことが分かる。国内企業の利益は、リーマンショック直後の08年第4四半期に大きく落ち込んだ。しかし、10年第1四半期にはすでに経済危機前の水準を取り戻した。そして、12年第2四半期では、07年第2四半期より18・8％も多くなっている。

金融危機で大きな打撃を受けた金融業の利益も、12年の水準は07年第2四半期より12・9％多い。アメリカ財務省は、保有するAIG株の売却で、金融危機時に投入した公的資金を全額回収できるとした。金融以外の産業では、12年の企業利益は07年第2四半期の24・5%増だ。

原油、金、新興国株式にも資金が回った

金融危機直後には、原油や金《きん》などにも投資資金が回った。そして、2009年になってからは、新興国の株式に資金が回った。

これは、原油価格、金価格、そして新興国の株価を追うことによって跡付けられる。

原油価格は、07年秋ごろから急激な上昇を示し、08年7月に1バレル133ドルの最高値になった（図表1－1参照）。アメリカ金融危機で証券化商品から逃げ出した投資資金が、まず最初に原油に向かったことが、はっきり現れている。

ところが、リーマンショック後、実体経済の急減速が明らかになったため、原油価格も急激に下落し、08年12月には41ドルになった。

なお、原油価格は、その後10年ごろからふたたび上昇し、11年3月にはふたたび100ドルを超えた。

一方、金《きん》価格は、08年後半に若干落ち込んだあと、09年の初めから11年の中ごろまでは、傾向的にかなり高い伸び率で上昇を続けた。原油と違って、実体経済の変動による影

響がないからだろう。しかし、11年後半以降は、傾向的な上昇は止まった。

金融危機でアメリカから流出した資金は、南欧国債に回った

金融危機でアメリカから流出した資金は、南欧国債に回った。2008年末に原油から逃げ出した投資資金も、南欧国債に向かった可能性がある。

南欧国債の利回りがこの時期にかなり低かったのは、このためだ。イタリア、スペインとも、10年上半期までの10年国債利回りは4％台で、アメリカやドイツの10年国債の利回りとさして変わらなかった。両国とも、経済や財政の実力以上に国債が買われたと考えることができる。この過程を通じて、国債の外国人保有比率が上昇した。それは、保有構造を脆弱《ぜいじゃく》なものにした。

ところが、12年ごろにスペインの住宅価格下落が顕著になり、銀行の不良債権処理が問題となった。

「リスクオフ」と言われる安全志向現象によって、投資資金が南欧国債から流出し、日米独の国債に流れ込んだ。このため、南欧諸国の国債金利が高騰した。これが「ユーロ危機」である。その半面で、日米独の国債金利が歴史的な低水準に低下した。

4　米中というG2の時代

21世紀の世界経済は米中で動かされる

中国のGDP（国内総生産）は、すでに日本やドイツを上回っており、現在世界2位の経済大国だ。

日本の貿易相手国としても、中国はいまやアメリカと並んで世界最大だ。したがって、今後の日本経済にとって中国がきわめて重要な意味を持っていることは間違いない。

世界銀行と中国政府が共同で作成した『２０３０年の中国』（２０１２年２月）は、中国の将来についての予測と提言を行なっている。

経済成長については、今後も高度成長が続くと予測している。実質成長率は、２０１５年まで８・６％、16年から20年まで７・０％、21年から25年まで５・９％、そして、26年から30年まで５・０％だ。

他方で、ＩＭＦ（国際通貨基金）のＷＥＯ（世界経済見通し）は、17年までの各国の経済指標についての予測を行なっている。これらの計数をもととして、30年までの日米中の名目GDPを予測してみると、つぎのようになる。

中国のGDPは10年では日本とほぼ同規模だが、30年には日本の約3・5倍になる。

アメリカとの比較では、中国の経済規模は現在は半分以下しかないが、30年にはほぼ同規模になる。つまり、30年ごろの世界は、突出して規模が大きい2つの経済大国、米中と、「その他」によって構成されることになる。

アメリカと中国が圧倒的に大きくなる

1990年には、名目GDPが日本の約8分の1と、経済的にはとるに足らない存在だった中国は、数年前に日本と同じ大きさになり、2012年には日本の1・4倍になった。そして、前述のように、30年には日本の3・5倍となる。

世界における日本の比重は、90年代以降縮小してきた。将来に向かってもたぶんそうなる。中国との関係において、それが最も顕著に表われる。

中国はいくつかの根源的問題を抱えている。したがって今後の成長率は下がるだろう。しかし、成長を続けることは間違いない。21世紀の世界は、アメリカと中国という「G2」がリードする。これは、避けられないことだ。

注目すべきは、中国が豊かになることである。12年における中国の1人当たりGDPは日本の約13％だが、30年には約3分の1になる。中国の高所得者は、日本の平均的所得者よりかなり豊かになるだろう。

このことの意味は、大きい。しかし、現時点ではなかなか実感できない。たとえば、中国が成長すれば、日本企業にとっての市場が拡大すると考えている人が多い。しかし、第4章で述べたように、中国の企業が強くなり、中国の市場で日本の企業の出番はなくなる可能性が強い。それどころか、中国企業が日本の市場を席巻することさえ、じゅうぶんありうる。

大きな変化が起きても、人々は考えを変えない。その結果、現実との間でずれが生じる。日本人は、中国人が豊かになることに対する心の準備ができていないのだ。

覇権国の条件

15世紀ごろまでの世界で、経済的にも技術的にも文化的にも、世界の最先端国は中国だった。しかし、20世紀初めの世界で、中国は見る影もないほど衰退していた。第2次大戦後も、1980年代ごろまでは世界経済に対する影響力はほとんどなかった。その中国が復活しつつあるのは、世界史的な大事件だ。

「国はなぜ衰弱するのか?」というテーマの本は、この1~2年だけでも、何点も刊行されている。エイミー・チュア『最強国の条件』(講談社、2011年)は、世界をリードする最強国の条件は「寛容性」だという。これは、異なる人種や多様な宗教・文化を許容することだ。古代ペルシャ帝国の時代から、世界を支配する国や社会は、寛容政策を採用することで勃興した。

ところが、不寛容が次第に頭をもたげる。そして、排他主義に陥り、衰退し、滅亡する。第2次大戦の枢軸国は、(日本の台湾政策を例外として)民族的不寛容に陥ったが、それが戦争の帰趨《きすう》にも影響した。現代世界で寛容政策をとるのは、アメリカとイギリスだ。この観点からすると、中国がアメリカにとって代わって最強国家になることは考えられない。

ダロン・アセモグル、ジェイムズ・A・ロビンソン『国家はなぜ衰退するのか』(早川書房、2013年)は、包括的な経済制度(市場経済とほぼ同義)の下でこそ、技術進歩に支えられる継続的な経済成長が可能であり、それは包括的な政治制度(民主主義とほぼ同義)の下でこそ可能だという。したがって、ソ連の成長は持続的でなかったし、今の中国の成長も疑問だ。私は、以上のような意見に賛成である。

第8章

日本経済が抱える深刻な問題

世界は変わったが、日本は変わらなかった。その結果、日本経済は、さまざまな問題を抱えることとなった。本章では、現在の日本が抱える諸問題を概観することとする。なお、ここで述べるもののほかに人口高齢化と財政の問題があるが、これについては、第9章で述べる。

◇◇◇◇◇◇◇◇◇◇◇◇

1　下落する賃金

現金給与総額は年平均約1%下落

第1の問題は、賃金が低下したことだ。

過去10~20年間程度の期間にわたる給与の動向を見よう。「給与」としていかなる指標を見るかで結果は違うが、ここでは、「現金給与総額」を見る。事業所規模5人以上の推移は、図表8－1のとおりだ。

調査産業計では、ピークになった1997年から16年間で、約12・8%低下した。年平均

図表8-1　賃金指数の推移

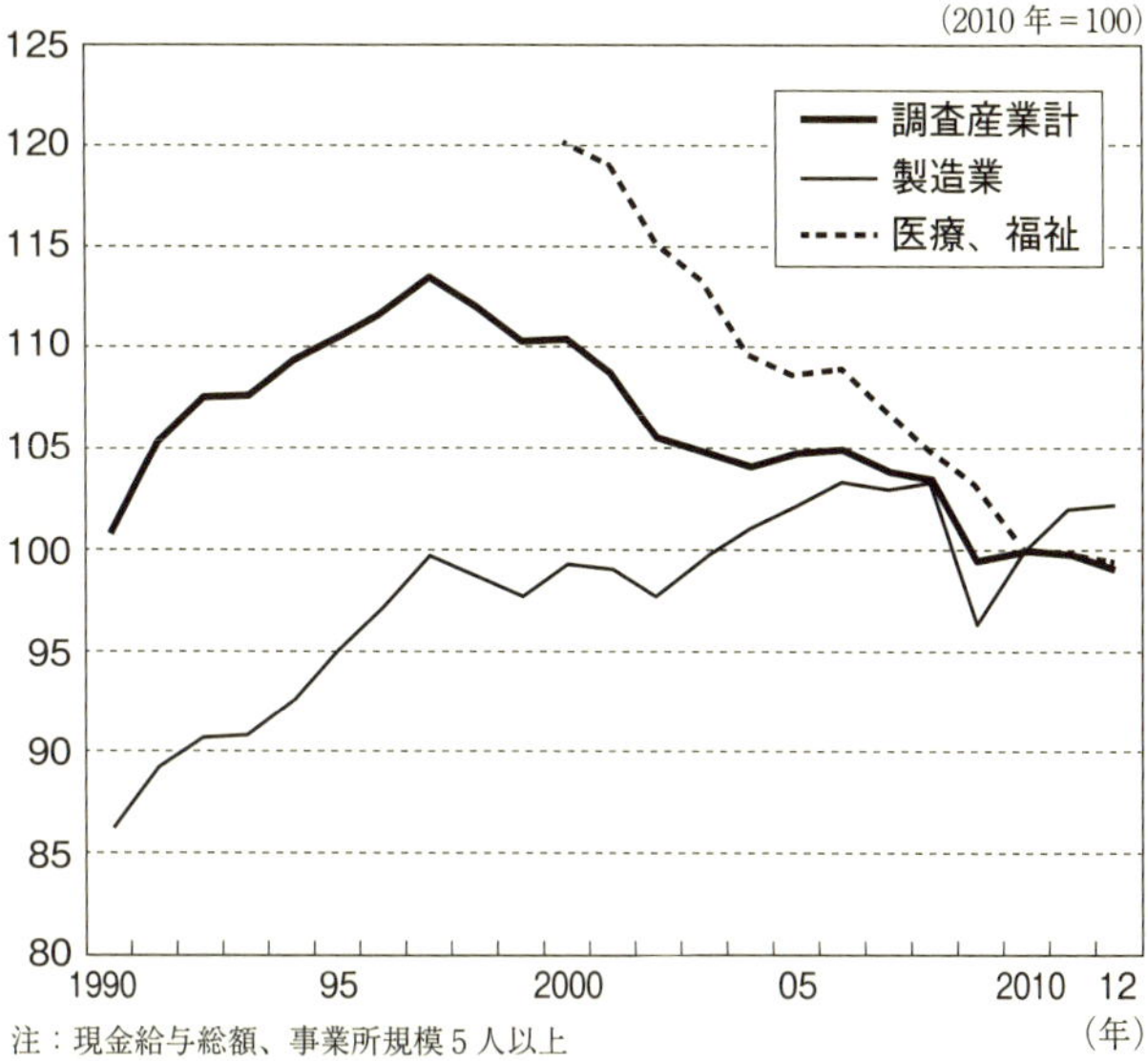

注：現金給与総額、事業所規模5人以上
資料：厚生労働省　毎月勤労統計調査

では、マイナス0・90％だ。

注意すべきは、すべての産業で給与が減少したわけではないことだ。リーマンショック前の期間では、製造業の賃金は上昇した。経済危機後は顕著に低下したが、その後回復した。また、卸売・小売業は、2008年までは下落しなかったし、金融業は、金融危機までは上昇した(図には示していない)。

給与が下がったのは、生産性の低いサービス産業だ。とくに、図に示す医療・福祉の給与は顕著に下落した。しかも、この分野は、あとで述べるように

図表 8-2　就業者数の推移

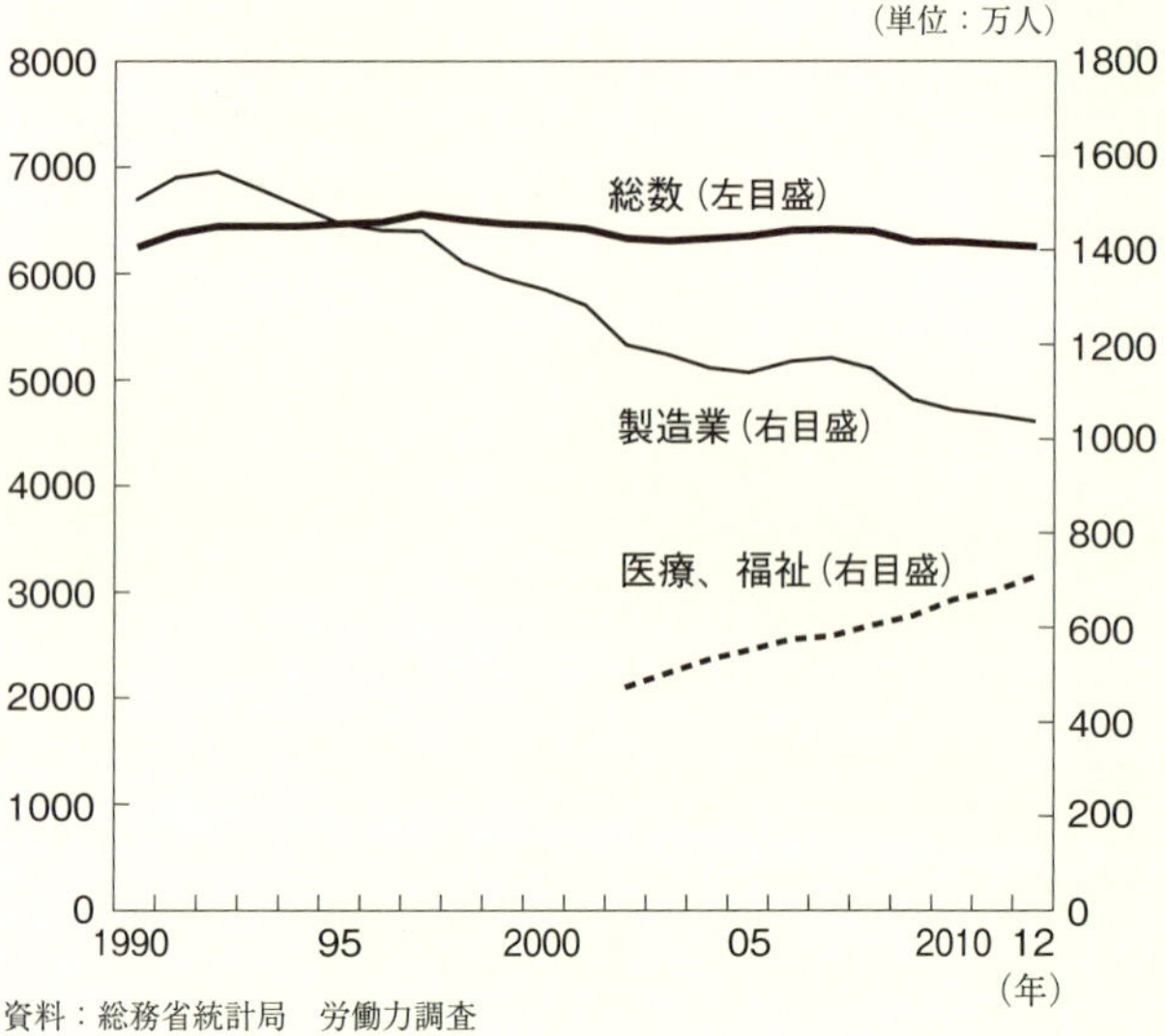

資料：総務省統計局　労働力調査

給与水準も低い。

産業構造の変化が給与低下の原因

つぎに、この期間に産業別の労働者がどのように変化したかを見よう。「就業者」を見るか「雇用者」を見るかで若干の差があるが、ここでは就業者数の推移を見ることとする。この状況は、図表８－２に示されている。

最も重要なのは、就業者が製造業で減少し、医療・福祉で増えたことである。

製造業の国内生産減少に伴う雇用減少は、すでに１９９０年代後半から生じている。中国をはじめとする新興国の工業化により、製造業における日本の優越的地位が継続できなくなったからだ。今後生産拠点の海外移転が加速することにより、この傾向はさらに進むだろう（自動車、電機産業では、すでに国内雇用者より海外雇用者が多くなっている）。

ここで、給与水準は、産業によってかなりの差があることに注意が必要だ。２０１０年における主要産業別の給与を「決まって支給する現金給与額」（企業規模10人以上）について見ると、つぎのとおりだ。

製造業より高い産業としては、建設業、電気・ガス・熱供給・水道業、情報通信業がある。また、金融・保険業と不動産・物品賃貸業も、製造業より高い。他方で、医療・福祉、複合サービス事業、サービス業（ほかに分類されないもの）は、製造業より1割以上低い。

このことと前項で述べたこととを合わせれば、経済全体の給与が低下したメカニズムが分かる。すなわち、製造業の雇用が減少して、それを賃金が低い部門で吸収しているために、平均的な賃金が下落するのだ。しかも、賃金が低い部門では時系列的にも賃金が下落した。このため全体の賃金が下落したのである。

このように、産業間の労働の移動が、全体としての給与を下落させた要因である。製造業の雇用減を介護関係の人員増が補う形で、雇用が量的に確保されてきた。これは、介護需要の増加に対応するものでもあり、そのかぎりでは必要な過程であった。しかし、介護関係者の所得が低いことから、経済全体の所得を低下させる要因ともなったのだ。

なお、しばらく前から、雇用が増えているのは、一般労働者ではなく、非正規労働者（パートタイム労働者）である。そして、非正規労働者の賃金は、一般労働者に比べると低い。毎月勤労統計調査によると、非正規労働者の現金給与は、一般労働者のそれの3分の1以下でしかない。したがって、非正規労働者の増加は、平均賃金を引き下げる。介護関係では非正規労働者が多いので、前述のような産業構造の変化が、経済全体として非正規労働者を増やしている。

日本経済の問題は、価格下落でなく所得下落

しばしば、「デフレが日本経済の問題だ」とされる。つまり、財やサービスの価格が低下するのが問題というわけだ。

しかし、仮に所得が下落せずに価格だけが下がるのであれば、実質所得は増加するのだから、なんら問題とする必要がない。むしろ、それは望ましいことである。問題は、前項で見たように、所得が下がったことなのである。つまり、デフレが問題なのではなく、賃金の低下が問題なのだ。

賃金下落をもたらすメカニズムも、しばしば言われるように、「製品価格が下がるの

で、賃金を下げざるをえなくなる」のではない。もしそうであるなら、価格下落が激しい分野の賃金がより大きく下落するはずである。

しかし、実際は逆になっている。1990年から2008年の期間において、保険・医療の消費者物価指数は18％上昇している。それにもかかわらず、すでに見たように、医療・介護分野の賃金下落は激しい。他方で、同期間にテレビの価格は77・5％下落し、カメラの価格は87・9％下落した。それにもかかわらず、製造業の賃金は上昇したのだ。

前項で述べたように、経済全体の賃金の下落は、製造業の労働者が減少して低生産性サービス業の労働者が増加するために引き起こされる現象である。

そして、このような変化は、今後もさらに続くと考えられる。製造業の海外移転が進めば、製造業の雇用者はさらに減少するだろう。他方で、介護サービスに対する需要は大きく、かつ今後も人口高齢化に伴って増加する。

したがって、産業構造が変わらず、給与格差が今後も変わらなければ、今後も産業全体の平均給与は下がり続けることになる。そうであれば消費は増えず、日本経済が活性化することもない。

賃金を上げるにはどうしたらよいか

以上で見たように、日本の賃金が低下する基本的な原因は、産業構造の変化にある。したがって、これを金融緩和政策で解決できないことは、明白だ。

また、これは個々の企業の問題でもない。しばしば、「企業が利益を内部留保として溜め込み、賃金に分配しないのが問題だ」と言われる。しかし、こうした考えは、基本的に間違っている。

賃金は、労働市場における労働の需給で決まる（ただし、熟練度や専門性によって賃金水準は異なる）。個々の企業はそこで決まる賃金を所与として雇用量を決める。企業が市場賃金を無視して高い賃金を支給すれば、利潤が減ってしまう。そうした企業は株主に見放され、株価が低下する。そしていずれは破綻してしまうだろう。

売上から原価を差し引いたものが利益なのであり、原価には人件費も含まれている。つまり、賃金が利益を決めるのであって、利益を賃金に分配するのではない。

利益が分配されるのは、配当、役員の給与、それに内部留保などだ。「利益があるなら賃金を増やせ」という主張は、企業会計と賃金決定の基本的なメカニズムに対する無知の暴露以外の何物でもない。

賃金下落の基本的原因は産業構造の変化にあるのだから、そこに踏み込まないかぎり解決はありえない。日本の賃金を上昇させるためには、製造業に代わって雇用を創出する新しい生産性の高い産業が登場しなければならないのである。これについては、第11章で考えることとする。

2　貿易赤字、脱原発、海外移転

拡大する貿易赤字

日本経済が抱える第2の問題は、貿易赤字である。2001年以降の日本の貿易収支の推移を見ると、図表8-3に示すとおりである。経済危機前には、ほぼ年間10兆円を超す黒字を記録していた。それが、経済危機後の08~09年には約4兆円程度に減少した。その後回復して、10年には8兆円近い黒字になった。これは、04年の6割弱の水準だ。それが震災後、巨額の赤字になった。

12年の貿易収支は、6・9兆円の赤字となった。13年には、11・5兆円の赤字となった

図表 8-3　経常収支の推移

（単位：億円）

暦年	経常収支	貿易収支	（輸出）	（輸入）	サービス収支	所得収支
2001年	106,523	84,013	465,835	381,821	−51,893	84,007
2002年	141,397	115,503	494,797	379,294	−50,813	82,665
2003年	157,668	119,768	519,342	399,575	−36,215	82,812
2004年	186,184	139,022	582,951	443,928	−37,061	92,731
2005年	182,973	103,348	626,319	522,971	−26,418	114,200
2006年	199,141	94,643	716,309	621,665	−21,183	138,111
2007年	249,341	123,223	797,253	674,030	−24,971	164,670
2008年	166,618	40,278	773,349	733,071	−21,379	161,234
2009年	137,356	40,381	508,572	468,191	−19,132	127,742
2010年	178,879	79,789	639,218	559,429	−14,143	124,149
2011年	95,507	−16,165	627,248	643,412	−17,616	140,384
2012年	48,237	−58,141	614,421	672,562	−24,900	142,723

注：経常収支＝貿易収支＋サービス収支＋所得収支＋経常移転収支(表に示していない)
資料：財務省

（いずれも、貿易統計ベース）。

日本の貿易収支は、1980年に2兆6000億円の赤字を計上したのを最後に、年間を通じて赤字になったことはなかった。したがって、大きな変化が日本経済に生じたことになる。しかも、80年の赤字は翌年には黒字に転じたのに対して、今回は11年以降赤字が継続している。また、今後も貿易赤字が継続し、拡大する可能性が高い。

こうした経済構造の変化に応じて、経済政策を基本から組みなおす必要がある。また、為替レートや産業構造に関する基本的な考えも転換する必要がある。

貿易赤字は一時的でなく、構造的

貿易収支の赤字は、いずれは回復するものだろうか？　そうは考えられない。

貿易収支がこれまでの黒字から赤字に転換した理由は、3つある。（1）アメリカの消費ブームの終焉、（2）発電用燃料輸入の増加、（3）生産拠点の海外移転である。

自動車の輸出は、リーマンショックで大きく落ち込んだ。それまで毎月1兆円程度だったのが、2009年初めには3000億円程度になった。その後回復して、10年には月6000億～7000億円程度にまでなっていた。東日本大震災のために、11年4月には2150億円に落ち込んだ。これは、震災で生産設備が損壊し、サプライチェーンが寸断されたためだ。しかし、設備の復旧が進むにつれて、輸出は回復した。しかし、リーマンショック前には戻らない。それは、アメリカの消費ブームが終焉したからだ。

震災後、2つの条件が付け加わった。これらは貿易赤字をさらに増やす方向に働く。

第1は、輸入面で、原油やLNG（液化天然ガス）などの鉱物性燃料の輸入が増加したことだ。これは、原子力発電から火力発電へのシフトに伴うものだ。LNGの輸入数量は震災後急増している。LNG輸入は、今後も続くだろう。

第2は、生産拠点が海外に移転することの影響である。製造業の海外移転は、円高の影響ですでに10年夏ごろから急速に進展していた。電気料金の引き上げなど、生産条件の悪化で、さらに進むだろう。したがって、国内からの輸出のかなりの部分は、海外拠点からの輸出に代替される。
以上の要因は、一時的なものでなく、構造的なものだ。

貿易立国から金融立国への転換が必要

貿易収支は赤字に転じたが、図表8－3に見るように、所得収支の黒字は続いている（所得収支とは、対外資産の収益から対外負債の利払いなどを差し引いたもの。家計の場合の資産所得に相当する）。

国際収支は、貿易だけで収支が均衡する必要はない。対外経常収支の黒字は、所得収支の黒字で実現することができる。すでに2005年から、所得収支の黒字は貿易収支黒字を上回っている。前述のように今後貿易収支の黒字は減少する（赤字が恒常化する可能性も強い）ので、所得収支黒字の重要性は、ますます高まる。長期的には、製造業の海外移転が進むにつれて、輸出がさらに構造的に減少してゆくだろう。対外資産の運用を効率化することによって、所得収支の黒字を拡大する必要性は高まっている。

日本は貿易収支の赤字を所得収支の黒字で補う国になったのである。したがって、対外資産の運用を適切に行なうことによって、所得収支の黒字を増加することが必要である。

日本が巨額の対外資産を保有し、そこから巨額の所得収支の黒字が実現していることを考えれば、貿易収支の黒字に固執する必然性は薄れている。この点において、日本人は考えを大きく転換する必要がある。

今後の日本は、金融をはじめとする高度のサービス業で生きることを考えるべきだ。国内の経済構造も、それに見合った形に変化させる必要がある。

脱原発への方向転換

日本経済が抱える第3の問題は、エネルギー問題、とりわけ電力の問題だ。東日本大震災後、これは、日本経済の最重要問題の1つになった。

これまでの日本の「輸出立国モデル」は、「原子力発電は絶対安全」という神話の上に築かれたものだった。東日本大震災は、その神話を崩壊させた。福島第一原子力発電所が引き起こした大惨事は、日本社会の豊かさが脆弱《ぜいじゃく》な基盤の上に構築されていたことを、赤裸々な形で示した。

原子力発電は震災当時、日本の発電総量の約3割を占めており、2019年にはこれを4割超にまで高めることが計画されていた。しかし、今後の原子力政策の見直しは必至であり、新規建設ができなくなる事態は大いにありうることだ。

電力問題には、発電量の側面と、発電コストの側面がある。震災直後に問題とされたのは、主として量の側面である。原子炉の稼働再開については、政治的な要因もからむので、将来を見通すことが難しい。したがって、今後の電力供給には大きな不確実性がある。

長期的に見て大きいのは、発電コストの問題である。火力発電へのシフトにより、コストが高まることは不可避だ。13年には、円安の影響も加わり、電気料金が値上がりしている。今後、コスト高はいっそう深刻な問題になるだろう。

これまでも、原子力発電の費用は低くはなかった。ただ、それが隠されていたのである。たとえば、使用済み燃料処理に必要な費用は、明示的に示されていなかった。これまで「原子力発電のコストが安い」と言われたのは、こうしたコストを考慮してこなかったからである。これらのコストを明示的に考慮すれば、原子力発電のコストが安いとは言えなくなる。われわれは、日本の電力産業がきわめて大きな問題を潜在的に抱えていたことに、気づかされたのだ。

エネルギー問題について考え直す場合に重要なのは、「産業構造を所与として、必要な電力を確保する」という考えから脱却することである。

これまでのエネルギー基本計画の基本的な発想は、現在の産業構造を維持し、電力需要が今後も増えることを前提とし、供給をそれに合わせることだった。つまり、「需要を所与として、供給を合わせる」という発想だった。しかし、こうした受け身の発想からは脱却しなければならない。

今後の日本で必要とされるのは、「産業構造を変えることによって、電力需要の増加を抑える」という発想に転換することだ。

脱原発は、脱工業化によってしか解決できない

原子力からの脱却は可能だろうか？　原子力への依存を低めるために、エネルギー計画の枠内だけでは、その目的は達成できない。

自然エネルギーの比重を高めることは必要であろうが、量的に見てそれだけではエネルギーの需給均衡は達成できない。脱原発の主張は、それを実現するための具体策を欠いている。

前項で述べたように、この問題は産業構造を変えることによってしか実現できない。その際の中心は製造業である。なぜなら、製造業は電力多使用産業だからだ。

大口電力販売量のうち約8割は、製造業向けのものである。これは、電力販売量総量の約4分の1になる（なお、製造業への電力販売は大口以外のものもある）。

電力需要がかくも大きい産業構造は、日本では維持できなくなったのだ。電力需要の増加を抑えるには、製造業の比重を下げ、サービス産業にシフトするしか方法はない。

1単位の付加価値（雇用者報酬と営業余剰）に要する電気・ガス・水道の投入について製造業と金融・保険業を比べると、前者は後者の10・4倍だ。したがって、「産業構造を変えて電力需要を抑制する」とは、製造業の比率を低め、その代わりに金融業のような生産性の高いサービス産業の比率を高めることである。「脱原発」と言われるが、脱工業化なしの脱原発はありえないのだ。

仮に経済全体に占める製造業の比率がアメリカ並みとなって現在の半分近くに低下すれば、電力に対する需要総量は1割以上減少するだろう。こうならないかぎり、日本の電力問題は解決されない。

製造業の海外シフトが加速している

日本国内だけの調整でこの問題を処理することは不可能である。すでに企業は、生産拠点を海外に移すことで対応を始めている。この動きを止めることはできない。日本の製造業は、国内ではなく国外で生産を行なう時代になった。

製造業の海外移転は、2001年ごろに進展したが、その後円安が進行したため、停滞していた。それが、10年の夏ごろからふたたび加速した。これは、円高が主たる原因だった。大震災後、電力事情をはじめとする生産条件の悪化によって、製造業の海外移転が為替レートの動向によらず加速される可能性が高い。

日本の製造業は、すでにかなりの程度海外生産にシフトしている。自動車で見ると、12年の生産台数2577万台のうち、国内が994万台、海外が1583万台だ。

今後の需要は海外にあり、それは海外生産で対応するという戦略だ。日本の賃金が世界最高水準であること、今後電気料金の上昇が予想されることなどを考えれば、これは、必然的で合理的な方向だと考えざるをえない。

電機産業では、経済危機前の円安期において、生産の国内回帰現象が見られた。しかし、第5章で述べたように、シャープやパナソニックは、この時代に建設した国内巨大工場が重荷になり、現在の赤字の原因になった。

したがって、今後投資をするにしても国内に新規工場をつくることはせず、海外の生産拠点に投資をするだろう。いかに円安が進もうと、この基本的な方向に変化はないだろう。海外生産で得られた収益を国内に還流させず、現地での再投資に向けていくかもしれない。


製造業が国内にとどまっても、雇用は減少する

「製造業の海外移転は阻止すべきだ」と主張されることが多い。その理由として挙げられるのは、国内雇用に対する悪影響である。

たしかに、海外移転が進めば国内の空洞化が進み、国内雇用は減少する。しかし、問題は、「製造業が国内にとどまれば、雇用は確保される」と言えるかどうかである。

過去のデータを見ると、仮に製造業の国内生産が拡大したとしても、国内雇用は減少し続ける可能性が高いことが分かる。

日本における製造業の雇用は、１９９０年代初めにピークに達したあと、今日に至るまでほぼ一貫して減少してきた。ところが、70年代末からの鉱工業生産指数の長期的な推移を見ると、生産は91年までは傾向的に増加した。しかし、その後は傾向的に増加することはなくなったが、かといって、傾向的に減ったわけでもない。

しかし、雇用は、**1**で見たように、92年以降傾向的に減少している。したがって、製造業の単位生産量あたりの雇用者は減ったことになる。つまり、製造業は積極的に人減らしを行なったのだ。

雇用を減少させながら生産増が実現できたのは、製造業が過剰雇用を抱えていたためだ。だから、雇用を減らしても、過剰雇用が減るだけで、生産が減ることはなかったのだ。過剰雇用は、今に至るまで解決されていない。

以上の検討からつぎのことが結論される。すなわち、製造業が海外移転しなくとも、国内雇用は確保されないだろう。なぜなら、製造業はいまだに大量の過剰雇用を抱えているため、雇用削減を続けるはずだからである。したがって、仮に製造業の海外移転が阻止できたとしても、雇用問題が解決されるわけではない。

雇用増大のためには、雇用を創出する新しい産業を国内に興すこと以外に方法はない。これこそが日本経済の最大の課題なのである。

では、それをいかにして実現できるか？　「新しい産業」とは、どのようなものなのだろうか？　この問題は、第11章で検討することとする。

3　デフレが問題なのか？

財価格が下落、サービス価格が上昇

デフレが日本経済の大きな問題だと言われることが多い。デフレは、本当に克服すべき問題なのだろうか？

以下ではこれに対する否定的な考えを述べるが、それに先立ち、現実の物価動向がどうなっているかを概観しておくことにしよう。

消費者物価指数の総合指数は、1990年代までは概して上昇していたが、98年をピークとして下落を続けている（図表8－4参照）。

品目別に見て注目されるのは、財とサービスが対照的な動きを示していることだ。すなわち、財、なかんずく工業製品が90年代半ばから顕著な下落を示しているのに対して、サービスは2004年までは上昇を続けていた。

具体的には、1993年から2008年の間に工業製品は約6％下落したのに対して、サービスは約8％上昇した。財のなかでも、工業製品、とりわけ耐久消費財の下落が顕著だ。耐久消費財の価格は、1990年からの20年間で、約半分になった。年率平均で言えば、マイナス3％である。耐久消費財のウエイトは6％程度なので、これだけで、全体の指数を年率0・2％下落させる効果がある。

耐久消費財のなかでは、IT関係機器の価格低下の激しさが印象的だ。ノートPCは2000年から08年までの期間だけで、約20分の1に値下がりした。カメラも約5分の1になった。

他方で、対人サービスの値上がりは激しい。自動車教習料は、1993年から2008

図表8-4　消費者物価指数の推移

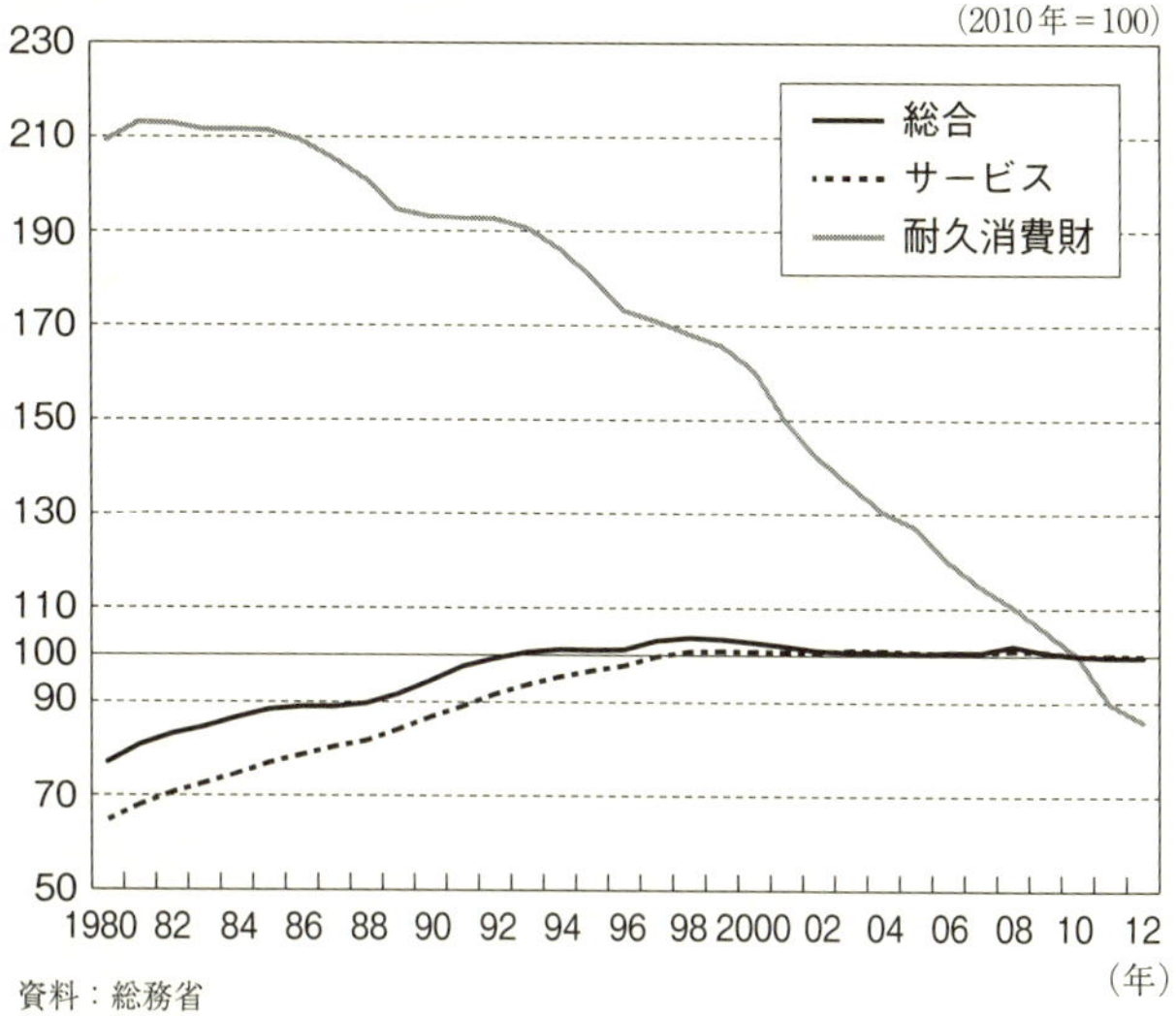

資料：総務省

年の間に約3割も上昇した。印鑑証明手数料も4割の上昇である。

このように、財とサービスの価格動向は、まったく異なるものだ。これは教科書的な意味での「デフレ」（物価の一様な下落）ではない。平均的な指数の推移だけを見て「デフレ」というのが、いかに粗雑な議論であるかが分かる（ただし、以下では、通常の用語法に従い、1998年以降の物価の推移を「デフレ」と呼ぶことにする）。

新興国工業化が真の原因

なぜ財とサービスの間でこのような差が生じるのだろうか？　それは、貿易可能性の差による。

財の多くは貿易可能なので、国際価格の影響を強く受ける。工業製品の価格が下落したのは、1990年代後半から、中国を中心とする新興国が工業化し、低賃金労働力を用いて製造した安価な工業製品が世界市場にあふれるようになったからである。家電製品、PCなどの耐久消費財の価格低下が顕著だったのは、このためだ。つまり、工業製品の価格下落は、国内要因によって生じた現象ではなく、グローバルな経済構造の変化により引き起こされている現象である。

これに対して、サービスの多くは貿易ができない。したがって、価格は主として国内的要因で決まる。

物価変動は、総需要の変動とは関係がない。以下に見るように、経済危機で輸出が激減した2008年において、消費者物価上昇率がプラスに転じたことが、それを明確に示している。この期間において、需要は大きく変動したのだが、それと消費者物価の動向は、まったく一致していない。

具体的には、つぎのとおりだ。金融危機の影響で、08年4～6月期から実質輸出が減少し始め、同時に実質GDPも減少に転じた。それにもかかわらず、消費者物価は上昇し続けた。これは、原油価格上昇の影響で、円ベース輸入価格が08年12月まで2ケタの上昇をしていたからだ。

消費者物価が下落に転じたのは09年3月以降である。しかも、3～4月の下落率は1%未満と、あまり大きくない。

下落率が1%を超えるのは、09年5月以降のことである。これは、輸出が著しく回復し、経済成長率がプラスに転じてからあとのことだ。消費者物価が下落したのは、石油価格が下落に転じ、それによって輸入物価が、08年12月から2ケタの低下率で低下したからである。

このように、経済危機後の需要の動向と消費者物価の動向は、ほぼ逆方向だ。しばしば、「需要が不足するのでデフレになる」とか、「国内の需給ギャップがデフレの原因」と言われることが多いのだが、現実にはまったく逆の現象が生じたことになる。

この期間における消費者物価の動向は、ほとんどすべて、原油価格の動向による。しかし、日本の金融政策が原油価格に影響を与えられないことは言うまでもない。このことは、「物価を目標として金融政策を運営する」のがまったくの誤りであることを示している。

デフレに関する典型的な誤解(1)――デフレ・スパイラル

「デフレ」に関しては、いくつもの誤解がある。

経済学的にはまったく正当化できない議論が、堂々と行なわれている。これらは、経済学上の争点となるようなたぐいの問題ではない。経済学のごく初歩的な点に関する単純な誤りである。また、実際のデータを見ずに、データとまったく逆のことが主張されている場合も多い。

こうした議論は、明白に誤りであるにもかかわらず、人々の考えに大きな影響を与えている。そして、日本の経済政策に多大の影響を与えてきた。日本経済が過去20年近くもの間、長期停滞から脱却できなかった大きな原因の1つは、こうした誤解が支配的だったからだ。以下では、ごく普通に見られる典型的な誤りについて述べよう。

まず第1に、「デフレ・スパイラル論」について。これは、「製品価格が下がるから賃金が下がる。それが消費需要を減少させ、さらに価格を下げる」というものだ。

これは、2つの点で誤りを犯している。第1は、「製品価格が下がるから賃金が下がる」という点だ。仮にそうなら、製品価格の低下が著しい製造業の賃金が下がり、価格が上昇してきたサービス業の賃金が上がるはずである。しかし、実際には、本章の**1**で見たように、正反対のことが起きているのだ。すなわち、価格低下が著しい製造業の賃金が上昇し、価格が上昇してきたサービス業の賃金が低下している。

第2は、「消費需要が減少するから価格が下がる」という点だ。前項で見たように、リーマンショック直後、消費者物価指数は、需要の変動とほぼ逆向きに変動した。消費者物価は、需要ではなく、新興国の工業製品価格や原油価格のような供給面の要因によって動かされているのだ。

ここで述べたことは、経済政策のありかたについて、重要な意味を持つ。つまり、本当の目的である「賃金下落からの脱却」は、「デフレからの脱却」によっては実現できないのである。「賃金下落からの脱却」は、生産性の高い産業の創出によってしか実現できない。そうしたことが実現されれば、工業製品の価格低下は、実質所得をさらに引き上げる望ましい現象として、歓迎されることになるだろう。

デフレに関する典型的な誤解(2)――実質金利が上がる

「デフレだと実質金利が上昇して、経済活動に悪影響がある」とも言われる。

ここで、実質金利とは、名目金利から物価上昇率(正確には、その予想値)を引いたものだ。われわれが実際に観測できるのは名目金利であり、実質金利は直接には観測できない。しかし、投資などの決定に影響するのは、名目金利でなく実質金利である。

右の主張は、「デフレ下では期待インフレ率が低下する(あるいはマイナスになる)から、実質金利が上昇する。したがって、投資支出を抑制することとなり、経済活動に抑制的な影響を与える」としている。「インフレターゲット論」も、「デフレのために実質金利が上昇しているから、期待インフレ率を引き上げて経済を活性化しよう」と主張する。

この考えは、「名目金利が固定的で、実質金利がインフレ期待の変化に応じて動く」としている。しかし、これは単純な誤りである。

正しくは、「実質金利が固定的で、名目金利が期待インフレ率に応じて動く」のだ。実質金利は、生産性などの経済の実体的な構造によって決まるものであり、経済の実体が変わらないかぎり変わらない。

つまり、デフレになれば、名目金利が低下するのだ。1990年代以降の日本において、物価上昇率の低下に伴って名目金利も低下していることは、改めてデータを示すまでもなく明らかだ。

以上のように言えば、つぎのような反論があるだろう。

「借入者から見ると、金利支払額はデフレになっても変わらない。だから、デフレになれば、実質金利は上昇するではないか」

たしかに、当初の借入契約を変更しなければ、名目の金利支払額は変わらない。したがって、実質的な負担は増加する。しかし、経済全体の名目金利が低下するなかで当初の契約を変更しないのは、愚かな行動である。借り換えをして名目の金利を引き下げることは、多くの場合に可能なのだから、そうすべきだ（なお、当初の契約が固定金利契約でなく変動金利契約であれば、自動的に名目金利が低下する）。

デフレに関する典型的な誤解（3）——消費者の買い控えが起きる

「デフレ下では、購入を将来に延期すればたくさんのモノを買える。だから、消費者が買い控えする。そのため、消費が伸びず、経済が停滞する」ということがよく言われる。

この議論も誤りである。デフレなら名目金利が下落するのを忘れているのだ。

このことを、つぎの数値例を用いて説明しよう（数値はあまり現実的なものではないが、計算を簡単にするために、便宜上、このような値を用いる。なお、消費を原理的に延期できない財やサービスについて、買い控え論が妥当しないのは明らかだ。以下では、保存できる財についても、この議論が誤りであることを示す）。

現時点において、米が1キログラム1000円であるとしよう。1年間で物価が10％下落する世界では、1年後の米の価格は、1キログラム900円になる。「だから、米を今買わずに1年後に買うほうがトクになる」ように思える。しかし、名目金利の変化を考慮に入れると、以下に示すように、そうではないのだ。

物価上昇率ゼロの世界において名目金利が年率20％であるとしよう（前に述べた名目金利と実質金利の関係からすると、この世界の実質金利は、20％である）。この世界で1000円を貯蓄すれば、1年後に1200円になる。1年後の米の価格は1キログラム1000円のまま不変だから、1年後には1・2キログラム買える。

では、物価上昇率がマイナス10%の世界では、どうなるか？　実質金利は20%のまま変わらないので、名目金利は年利10%に低下する。したがって、1000円を貯蓄すれば、1年後の元利合計は1100円だ。他方で1年後の米の価格は1キログラム900円だから、1100円を用いて1・2キログラム買える。つまり、物価上昇率ゼロの世界と比べて、何も変わっていないのである。

この例で分かるように、経済の実態は、実質値で決まるのだ。物価や名目金利は、実態を覆う「ヴェール」にすぎない。

第９章

制御不能に陥っている日本の財政

日本の財政は、信じられないような赤字を抱えている。これは、克服できるのだろうか？　できなければ、何が起こるか？　また、日本は深刻な人口高齢化に直面している。現在の社会保障制度で高齢化社会を乗り切ることができるだろうか？　社会保障制度のどこをどのように改革すべきか？

◇◇◇◇◇◇◇◇◇◇◇◇◇

1　財政赤字の拡大

主要国中最悪の赤字

まず、日本財政の現状を見よう。図表9－1に示されているように、税収は、歳出総額の半分未満でしかない。残りは国債で賄われている（なお、図表9－1では、「公債」という言葉が使われている。予算の関係では「国債」と言わずに「公債」ということが多いのだが、国の予算に関する限り、両者は基本的に同じものだと考えてよい。ただし、公債には地方債も含む）。税収が歳出の4割台というのは、普通の国ではおよそありえない予算の姿だ。まともに直視すれば、気を失

図表 9-1　歳出総額、一般会計税収、公債発行額の推移

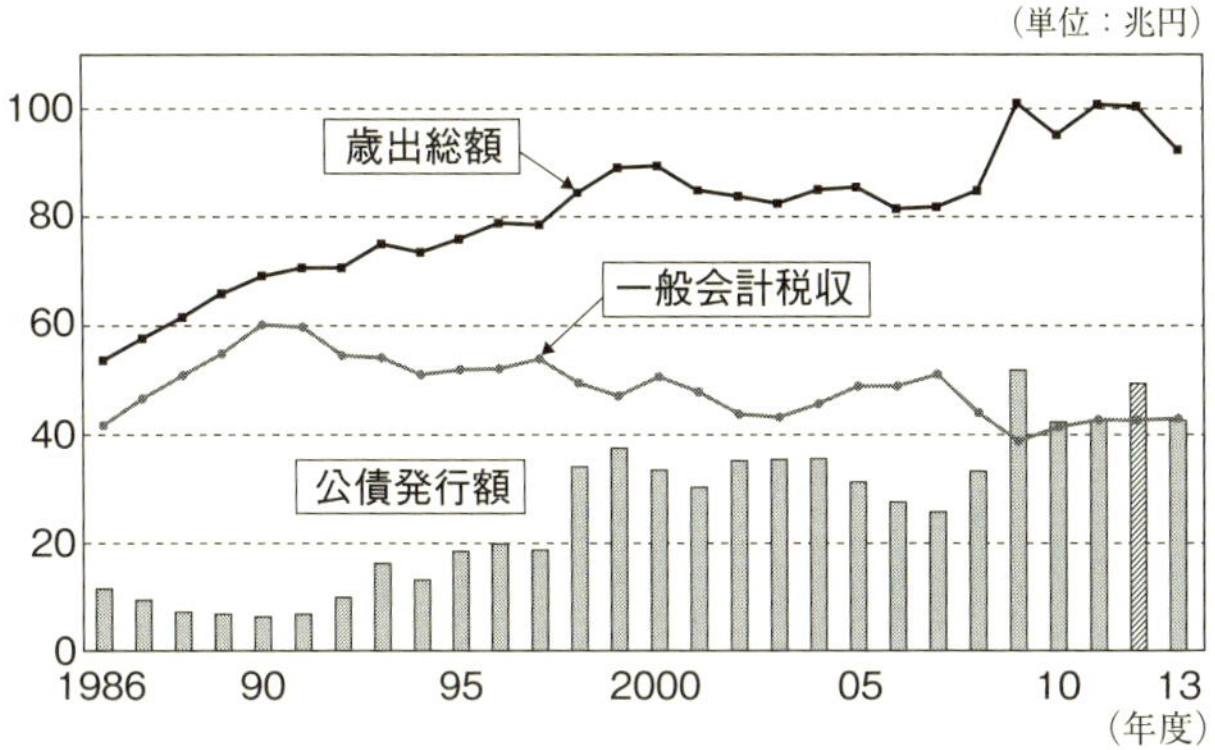

注１：2011年度以前は決算額、2012年度は補正後予算額、2013年度は予算額である。
注２：公債発行額は、４条公債発行額および特例公債発行額の合計である。
資料：財務省

うような常軌を逸した事態である。

日本の財政赤字は、世界の主要国中で最悪である。２０１０年の春以降、ギリシャなどのユーロ諸国の財政赤字が問題とされた。これはたしかに深刻な問題である。しかし、ヨーロッパの財政赤字は、経済危機によって増大したものが大半だ。このため、国債残高の対ＧＤＰ比は、イタリアを除けばそれほど高くない。

それに対して、日本の財政は、構造的な問題を抱えている。経済危機で問題が一気に悪化したのは事実だが、問題はそれ以前から存在していたのだ。

図表９－１から分かるように、１９９８年以降、毎年度の新規国債発行額は30兆円台になっていた。そして、リーマンショッ

図表 9-2　税収の推移

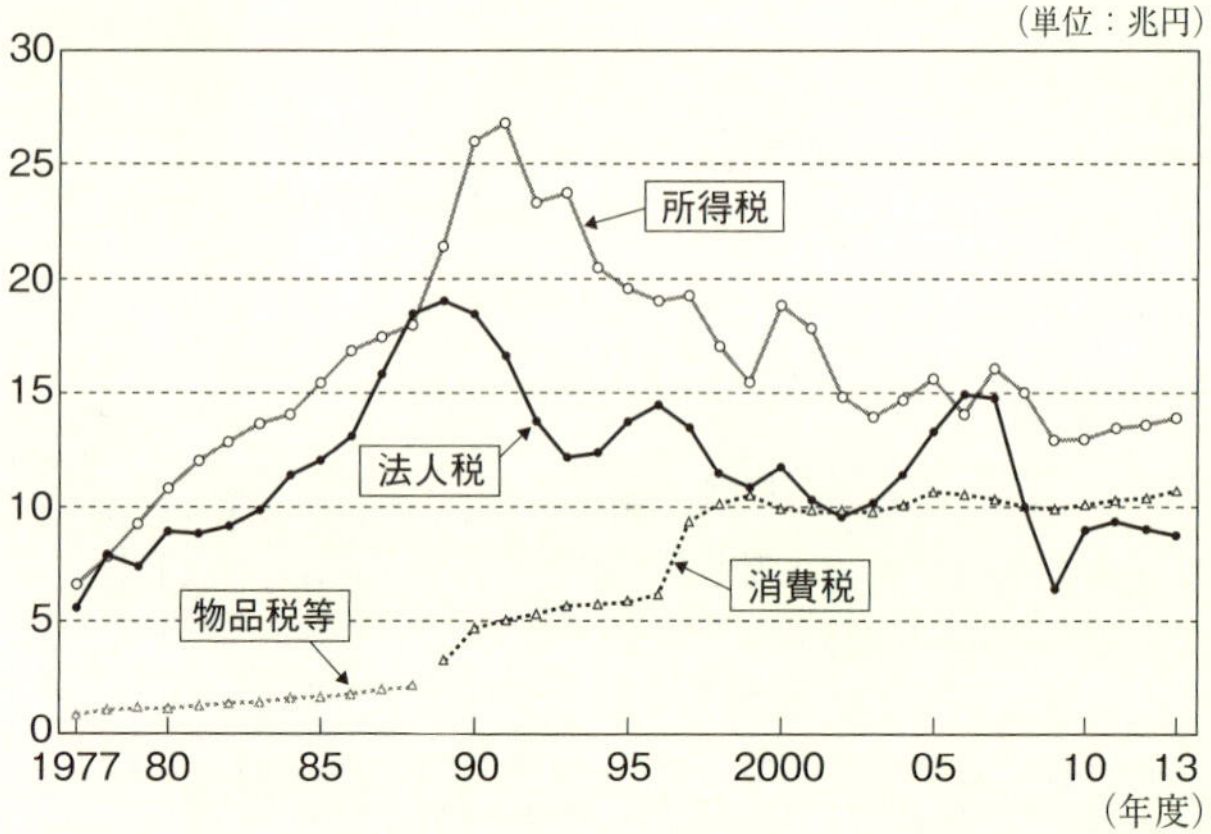

注：2011年度以前は決算額、2012年度は補正後予算額、2013年度は予算額である。
資料：財務省

ク後に50兆円を超え、その後も40兆円台の発行が続いている。

このため、国債残高の対ＧＤＰ比は、ヨーロッパ諸国とは比べものにならないほど高くなっている。２００９年における政府債務残高の対ＧＤＰ比は、ドイツ78・２％、イギリス75・３％に対して、日本は１８９・６％だ。この数字が明らかに示すように、財政赤字の問題が真に深刻なのは、ヨーロッパではなく、日本なのである。

なぜ赤字が拡大したか？

財政赤字が拡大した原因は、歳出が増加する半面で、税収が減少したことである。

一般会計税収の長期的推移を見ると、図表9－1のとおりだ。1990年度の60・1兆円をピークにして、その後減少してきたことが分かる。2004年度以降は、景気回復を背景に税収も増えた。しかし、リーマンショック後、ふたたび減少した。これは、日本経済が長期的な衰退過程にあることの反映だ。

日本の税体系は、製造業が基幹的な産業であることを前提にして組み立てられている。製造業の企業が利益をあげ、その一部を法人税として納税する。そして、従業員が源泉所得税を負担する仕組みだ。

この仕組みは、第2次大戦直前に、戦時体制として確立された。戦後の日本税制は、このときに導入された基本形を継承した。高度経済成長を通じて日本の製造業が発展したため、法人税の税収は順調に増加し、給与所得に対する所得税とともに、日本の財政を支える基幹税として機能してきた。右に見た事態は、約70年間続いたこうした税制の基本が、いまや崩壊したことを示している。

税収の増加を期待することができないとすれば、国債発行額を減少させるには、歳出を削減するしかない。しかし、歳出は増加し続けている。

もともと歳出は自動的に増加する構造になっている。人口の高齢化に伴って、社会保障の自然増がある。そして、国債費は、金利低下にもかかわらず、国債残高の累増に伴って増加する。このような膨張体質にもかかわらず、01〜08年度の間は、歳出が抑制されてきた。それが、経済危機後に一気に増えたのだ。

歳出削減は、きわめて困難だ。政治は、財政支出をコントロールする力を持っていないと考えざるをえない。

これまで順調だった国債の消化

大量の国債増発にもかかわらず、これまで国債の市場消化は順調に進んできた。長期金利は、国際的に見て低い水準にある。こうなるのは、なぜだろうか?

よく言われるのが、「日本には1400兆円の個人金融資産があるから」という説明だ。そして、「個人金融資産から負債を差し引いた純金融資産1065兆円の範囲内まで国債残高を増やせる」とも言われる。

国と地方を合わせた長期債務残高は、2009年度末で825兆円ある。だから国債が増加しているとはいえ、残高はたしかに個人金融資産（あるいは純資産）の枠内に収まっている。しかし、「だから問題がない」というのは、まったく間違った考えだ。

その理由は、個人金融資産は、手つかずのものではなく、すでに「使われて」しまっているからだ。たとえば銀行預金は、すでに企業への貸し出しなどに運用されている。だから、金融資産がいくらあろうと、「大丈夫」ということにはならない。個人金融資産は、国債残高の担保にはならないのである。

国債が順調に消化されてきたのは、企業貸付が減っているからだ。企業の借入金（銀行から見れば貸出）残高を見ると、１９９０年代には総額５００兆円を超えていたものが、90年代の末から減少を始め、２００８年度には３００兆円にまでなった。これは、１９９０年代後半以降、日本経済が停滞に陥り、企業が設備投資などのために資金を借りなくなったためである。

企業への貸し出しが急速に減ったので、運用先に困った銀行は、むしろ国債を競って買っている。このため、国債は順調に消化された。銀行の資産運用に占める企業・政府向け貸付の比率は、97年までは50％以上だったものが、２００８年には31・７％にまで低下した。他方で、国債・財投債の比率は、５％程度から16・９％にまで急上昇した。

しかし、「今国債を消化できること」と、「今後も引き続き問題なく消化できること」は、別の問題である。いかにして財政再建が可能かを考えなければならない。

2 消費税増税で財政再建できるか？

5％の税率引き上げでは財政再建できない

消費税率は、現在の5％から、2014年に8％に、15年に10％に引き上げられる。この増税によって、日本財政は再建されるのだろうか？ 逆に言えば、今後、際限のない増税が行なわれるようなことにはならないだろうか？ そして、もし増税をしなければ、どうなるのか？

消費税率を引き上げた場合の財政収支と、今後の国債消化について、シミュレーション計算を行なうと、つぎの2つの結論が得られる（野口悠紀雄『消費増税では財政再建できない』、ダイヤモンド社、2012年を参照）。

①今回の増税によって財政収支は一時的には好転するが、効果は数年しか続かない。17年度に新規国債発行額は増税前と同じ水準になり、その後は、毎年度50兆〜60兆円の国債発行が続く。

つまり、今回の増税の効果は数年しか継続しないわけで、財政再建という目的のためには、「焼け石に水」でしかないことになる。

増税が赤字縮小にあまり寄与しない理由は、つぎのとおりだ。まず、消費税収入のかなりの部分が、地方消費税として地方の収入になる。現在の制度では、2割が地方消費税である。さらに、国に入った消費税収入の29・5％は、地方交付税交付金となる。このため、消費税の税収のうち国が自由に使えるのは、6割未満である。
②消費税だけで財政再建しようとすれば、今後も際限ない増税が必要となる。最終的には消費税率を30％程度にまで上げる必要がある。
こうした規模の増税は不可能に近いほど困難だが、仮にそれができたとしても、問題が解決されるわけではない。なぜなら、歳出の膨張構造が残っているかぎり、際限ない増税がその後も必要になるからだ。だから、歳出を経済に見合ったものにすることが不可欠だ。

消費税増税が財政再建に寄与しない最大の原因は、歳出の伸びが税収の伸びよりも高いことだ。

一般会計の歳出総額は約90兆円だが、仮にそれが2％で伸びれば、毎年度の増加は1・8兆円だ。他方で、税収は40兆円程度しかなく、これが1％で伸びれば、毎年度の増加は0・4兆円でしかない。したがって、差し引き、毎年度1・4兆円だけ赤字が増加することになる。3年間では4・2兆円となり、消費税増税額を超えてしまう。

歳出構造に手をつけないかぎり、財政赤字は縮小しないのである。そして、際限のない増税が繰り返される可能性がある。歳出のなかでとくに重要なのは、社会保障だ。だから、社会保障制度を抜本的に見直さないかぎり、どうにもならない。なかでも、年金が問題である。これについては、**4**で述べる。

増税による景気後退より国債暴落のほうが大問題

消費税を増税すると景気に悪影響があると言われる。しかし、増税せずに放置すれば、財政赤字が拡大し、国債消化が行き詰まる。それがもたらす問題のほうが、ずっと大きい。国債消化に支障が発生すれば、国債が暴落する（国債の利回りが高騰する）。これはまず、国債を大量に保有する金融機関に打撃を与えるだろう。

もっと深刻な問題は、国債の利払いに支障が生ずることだ。図表9－3に示すように、国の一般会計の国債利払い費は、約10兆円で、一般会計総額の約1割を占める。

利払い費は国債残高に国債の利回りを乗じたものである。したがって、仮に利回りが2倍になれば、利払い費は2倍になる（利回りの変化によって影響を受けるのは、当年度の新発債と借換債だけであるから、ただちに残高すべてについての利払い費が2倍になるわけではない。ただし、数年の間に残高の大部分が影響を受ける）。

図表 9-3　2015 年度一般会計予算歳出内訳

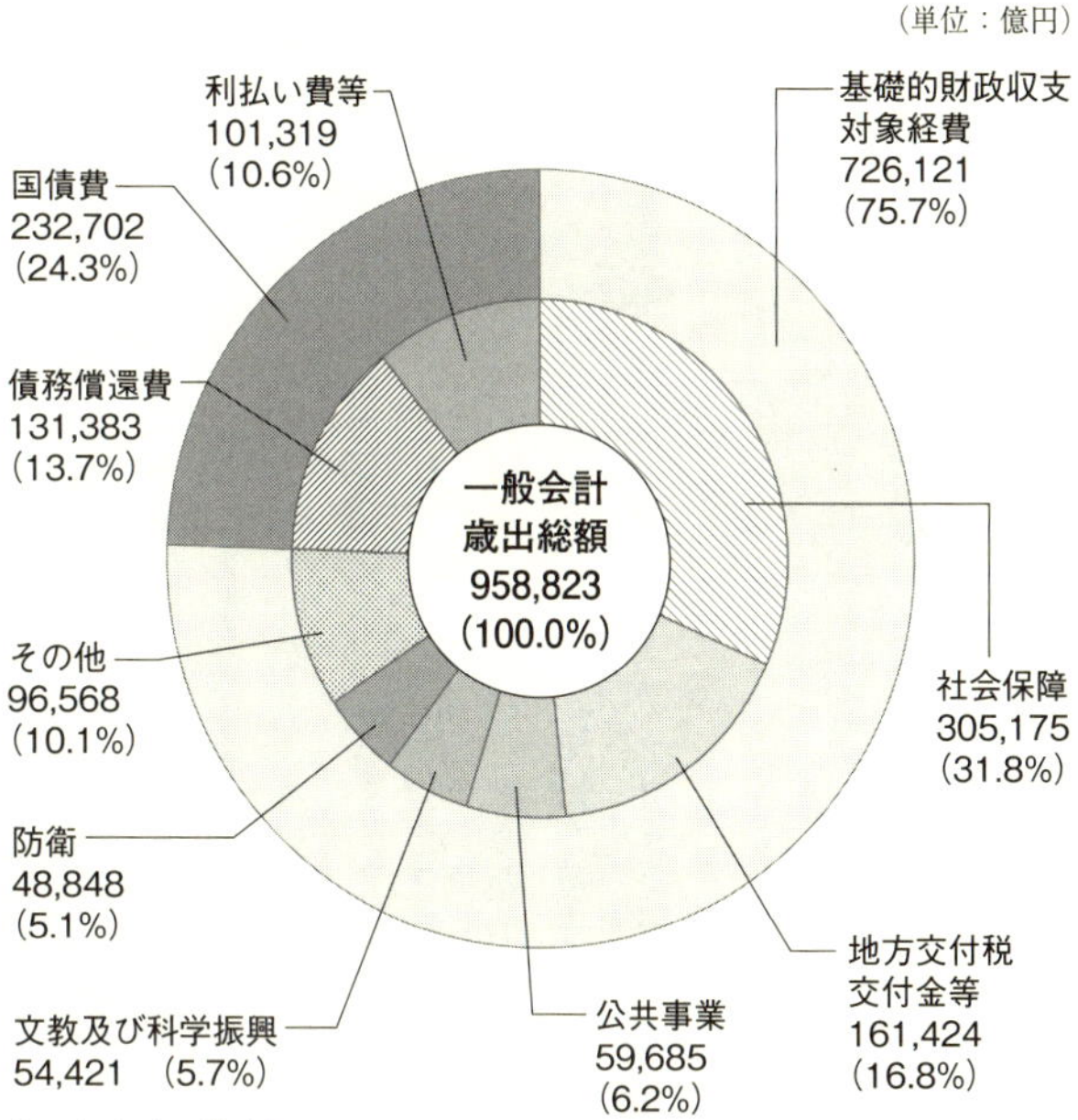

注：（　）内は構成比
資料：財務省

　このための財源調達は、きわめて困難である。しかも、利回り上昇が現在の2倍で済む保証もない。

　2011年後半にヨーロッパで大問題となったソブリン危機（国債利回りの急上昇）は、ある意味で日本の将来図である。日本の財政事情はイタリアに比べて格段に深刻だ。それにもかかわらず日本国債がイタリア国債のような状況に陥らないのは、国債消化構造が違うからだ。イタリア国債は外国人の保有が半分を超えているため、危機に陥りやすい。それに対して、日本の国債は、国内の金融機関が預金などを原資として長期投資として保有しているため、簡単には問題に直面しないのである。しかし、それは、日本の国債がいつまでも問題を起こさないことを意味するものではない。

「日本の財政赤字がコントロールできない」という認識が広まれば、日本国債の格付けはさらに引き下げられる危険がある。それが引き金を引いて、投資資金が国債から逃げ出し、国債暴落が現実のものとなる危険は否定できない。

消費税の増税が見送られたとすれば、そうなった危険がある。消費税増税が、住宅などの駆け込み需要を消滅させ、景気に悪影響を及ぼすことはありうる。しかし、財政赤字を放置して国債が暴落することのほうが、もっと大きな問題なのである。

3 「インフレ税」による実質赤字解消

なぜインフレは税と同じか

財政赤字を縮小するための正統的な方法は、これまで述べてきたように、増税または歳出の削減によって名目の財政赤字を縮小させることだ。しかし、今の日本では、政治がこれを拒否している。

ところで、国民から資源を調達する方法として、税は唯一のものではない。いま1つの方法は、インフレによって実質の財政赤字を縮小させることである。

インフレは、税と違って、企業や家計から直接に資源を調達するわけではない。したがって、なぜインフレが税と同じ機能を果たすかは、分かりにくい。そのメカニズムは、つぎのようなものだ。

インフレが起きると、人々の実質所得が低下する。また、預金などの実質価値も低下する。したがって、人々の実質消費は減少する。他方で、国債の実質価値はインフレによって減少する。したがって、家計から国に所得が移転されたのと同じことになるのである。

このため、税とインフレは、経済的には同じものなのだ。ただし、政治的にはインフレのほうがはるかに容易である。したがって、歴史を見ると、コントロールできないほど膨れ上がった財政赤字は、ほとんどの場合にインフレによって処理されてきた。

第2次大戦直後の日本がその典型である。累増した戦時国債の実質的な重荷は、インフレによって消滅したのである。1945年に3・5であった物価指数は、49年にはじつに208・8にまで上昇した。これによって、内国債残高の一般会計総額に対する比率は、戦時期には5倍であったが、4分の1にまで縮小した。

国債の返済能力を疑われた国の通貨が暴落した例は、70年代のイギリスとイタリア、97年の韓国やタイ、98年のロシア、2001年のアルゼンチン、08年のアイスランド等々、枚挙にいとまがない。

財政破綻とインフレ（そして通貨下落）は、同義語と言ってもよいほどいっしょになっている場合が多いのである。

インフレが生じるいくつかのルート

インフレが生じるルートとしては、いくつかのものがある。終戦直後の日本では、実質的には日銀引き受けの国債である復興金融金庫債の発行によってインフレがもたらされた。

現在でも、日銀引き受けの国債発行によって財政支出を拡大すれば、これが可能である。財政法第5条で日銀引き受け国債は禁止されているが、国会の議決で解除できる。なお、国債を増発しても、社会保障などの移転支出を増やすだけでは、貯蓄が増えるだけだ。インフレを引き起こすには、財政が財・サービスを購入する必要がある。

第2のルートは、国債を国内では消化しきれず、海外消化に頼らざるをえなくなることだ。こうした事態が、日本でも発生する可能性がある。

第3のルートは、そうした事態が生じることが予測されて、日銀引き受けや海外消化が実際に行なわれる前の時点で資本の国外逃避が発生し、円安がもたらされることだ。そうなったとき、国家非常事態であるとして国債の日銀引き受けが解禁される可能性も強い。

つまり、予測が自己実現するわけである。

インフレは最も過酷な税

「デフレからの脱却が日本経済の課題」という大合唱があるなかで「インフレこそが恐ろしい」と言えば、「なんたる見当違い」と思われるだろう。しかし、本章の冒頭で述べた予算の姿は、インフレがけっして見当違いでなく、むしろ必然であることを示しているのである。

「インフレ税」は、拒否できないという意味で過酷な税であるばかりでなく、きわめて不公平な税である。税負担が公平の原則とは無関係に生じるからだ。

まず、物価上昇による実質所得減は、低所得者に対しても情け容赦なく襲いかかる。裕福な人は贅沢を切り詰めれば済むが、最低生活水準の家計は生存を脅かされる。また、定期預金のような名目資産を持つ人に重くかかり、不動産のような実物資産にはかからない（むしろ、利益をもたらす可能性もある）。

デフレと円高が日本経済を停滞させると言う人が多い。しかし、本当に恐ろしいのは、インフレと円安なのである。デフレと円高は、世界的な大変化に対応してビジネスモデルを変更できない企業にとっては問題だが、消費者にとっては困ったことではない。しかし、インフレが起これば、消費者の実質所得は減少する。インフレはいったん起これば急速に進行することが多いので、対応する余裕もなく国民生活が破壊されるだろう。

4　人口高齢化と社会保障

人口高齢化で社会保障給付が増える

日本の社会保障制度は、年金、医療、介護、生活保護からなる。

社会保障給付費の推移を見ると、1985年度に35・7兆円であった総額は、98年度にはその2倍に増加し、2007年度には2・5倍にまで増加した。08年度では94兆円を超えている。

項目別に見ると、あらゆる項目が増加しているが、とくに増加が著しいのは、年金である。08年度の額は、1985年度の3倍近くまで増加している。その結果、社会保障給付全体に占める年金の比重も高まった。85年度には47％であったが、89年度に50％を超え、90年代の末からは53％程度になっている。

ところで、社会保障給付は、人口構造と密接な関係がある。とくに年金は、制度的に65歳以上人口とほぼ比例する関係にある。現在の社会保障給付の過半は年金なので、年金制度の抜本的な改革が行なわれないかぎり、今後も社会保障給付費が増加することは避けられない。また、医療費や介護費も、高齢者が増えると増える。

65歳以上人口数は、90年には1490万人だったが、2008年には2820万人になり、2倍弱に増加した。他方で社会保障給付費総額を見ると、1990年度の47・2兆円から2008年度の94兆円へと、ほぼ2倍に増加した。このように、社会保障給付費は、65歳以上人口数とほぼ比例して増加した。

社会保障給付費は、いくつかの財源によって賄われている。全体の55〜60％程度は社会保険料によって賄われている。これはさらに、本人負担分と事業主負担分に分かれる。かっては事業主負担分のほうが多かったが、01年度ごろからは、両者はほぼ等しくなっており、それぞれ全体の3割程度を負担している。

全体のほぼ3分の1が公費負担だ。これはさらに、地方負担と国費に分かれる。国費の構成比は、かつては30％近くあったが、最近では20％程度だ。国費分が、国の一般会計予算の「社会保障関係費」に対応している。したがって、毎年度の予算で示される一般会計の社会保障関係費のほぼ5倍が、社会保障給付費と考えてよいわけだ。

15年度予算における一般会計の社会保障関係費は、図表9－3に示すように、30兆5175億円である。

今後10年間程度が正念場

国立社会保障・人口問題研究所の将来推計人口（中位推計）によれば、65歳以上人口数は今後も増加し続ける。2020年ごろまでかなりの増加が続くのだ。減少に転じるのは、40年代の中ごろになってからのことである。

これから考えると、今後10年程度の期間は、人口高齢化が財政に引き続き大きな圧力であり続けることが分かる。

65歳以上人口数は、20年には、10年に比べて、ほぼ22％増加する。そして30年には、ほぼ25%増加する。社会保障給付費も、ほぼそれに等しい率で増加するだろう。したがって、負担もそれに見合って引き上げざるをえないわけだ。財源別のウエイトを変化させないとすれば、国税による負担も、同じような率で上昇させることが必要になる。

多くの人が、問題の焦点は消費税率の引き上げだと思っている。しかし、これは課題の一部でしかない。消費税率の引き上げがたいへん困難であるのは事実だが、消費税率を数%引き上げただけでは、解決にはほど遠い。

年金の支給開始年齢引き上げが必要

財政支出の観点から言えば、最も重要なのは年金制度の改革である。

年金は長期にわたる制度であるため、過去の約束に縛られる。たとえば、民営化すればよいという意見があるが、それを実現するには、まず現在の公的年金を清算する必要がある。すなわち、これまで払い込まれた保険料を清算し、将来支払うべき額を現時点でまとめて支払う必要がある。しかし、清算を現在の積立金で行なおうとしても、不足額がじつに1000兆円超という途方もない額になってしまうのである。日本の年金制度は、「止めようとしても、止められない制度」なのだ。

また、現在の制度を続ければ、厚生年金の積立金は2030年ごろに枯渇する（野口悠紀雄『日本を破滅から救うための経済学』、ダイヤモンド社、２０１０年を参照）。

保険料率の引き上げには限度があるので、年金の支給額を引き下げなければならない。最も重要なのは、支給開始年齢の引き上げである。平均余命が著しく延長しているのだから、65歳支給開始では早すぎる。これを70歳を越える年齢にまで引き上げることが必要だ。

12年において、65歳以上の人口は３０７９万人である。70歳以上は、この73％の２２５９万人であり、75歳以上は49％の１５１９万人だ。したがって、支給開始年齢を70歳以上にできれば年金支給額は約３割減るわけだし、75歳以上にすれば約半分に減る。こうした改革ができるなら、若年者の保険料負担は軽減される。

ただし、支給開始年齢引き上げは、けっして容易なことではない。これまでの引き上げは、将来の年金裁定者だけを対象にするものであり、既裁定者の年金には手をつけていなかった。しかし、そうした改革にまで踏み込まなければ事態は改善されない。

医療や介護については、基礎的な部分は公的施策が行なうにしても、それを超える部分について市場メカニズムの活用を考えるべきだ。人口高齢化によってこれらの部門への需要は増えている。それに適切に対応することができれば、財政面での効果だけでなく、日本経済の活性化が期待できるだろう。

第10章

アベノミクスは答えにならない

２０１２年12月に発足した第２次安倍晋三内閣は、金融緩和政策を中心とする積極的な経済政策を展開した。これは「アベノミクス」と呼ばれ、日本経済が再活性化するとの期待が高まった。では、期待どおりの成果が得られたのだろうか？

結論を要約すれば、株価が上昇しただけで、実体経済はいっこうに活性化しなかった。

◇◇◇◇◇◇◇◇◇◇◇◇◇

1 異次元金融緩和政策は空回りしている

異次元金融緩和政策の導入

安倍内閣は、発足に先立って、「大胆な金融緩和を導入する」という方針を明らかにした。これに従って、日本銀行は、２０１３年４月に「次元の異なる量的・質的金融緩和政策」（以下、「異次元金融緩和政策」）を導入した。その内容は、つぎのとおりだ。
①消費者物価の前年比上昇率２％を、２年程度の期間を念頭に置いて、できるだけ早期に実現する。

②マネタリーベースが、年間約60兆〜70兆円増加するよう金融市場調節を行なう。マネタリーベース（12年末実績138兆円）は、13年末に200兆円、14年末に270兆円となる。

③長期国債の日銀保有残高が、年間約50兆円増加するよう買い入れを行なう。長期国債の保有残高（12年末実績89兆円）は、13年末に140兆円、14年末に190兆円となる。なお、毎月の長期国債のグロスの買い入れ額は、7兆円強となる。

金融の問題には、さまざまな専門概念や用語が登場するので、分かりにくい。ここで、金融緩和のメカニズムについて簡単に説明しておこう。

金融緩和は、市中銀行が保有する国債を日銀が購入することによって行なわれる。異次元金融緩和によって購入される国債は、借換債も含む年間国債発行額120兆円の7割にあたる。ネットでの年間購入額は約50兆円となるが、これは過去1年間の購入実績の約2倍であり、13年度の新規国債発行額42兆8510億円を7兆円強超えている。

国債の購入代金は、市中銀行が日銀に持つ当座預金に振り込まれる。これと日銀券の合計が、「マネタリーベース」と呼ばれる。これは、いわば、「おかねのモト」である。

当座預金が増えると銀行の貸し出しが増え、それが経済全体の預金を増やすと期待される。それは、さらに貸し出しを増加させ、預金をさらに増やす（このメカニズムを、「信用創造」という)。現代の経済では、決済に預金が用いられることが多いので、預金は貨幣（マネー）と見なされる。これと日銀券の合計が「マネーストック」だ。これは、「経済全体に流通しているおかねの総量」である。なお、預金の範囲の取り方などの違いにより、M2、M3という概念が区別されている。

マネーストックが増加すると、金利が下がり、設備投資が増加すると期待される。また、円安が進み、輸出が増えることも期待される。こうして経済全体の需要が増加すれば、経済活動が活発になり、雇用が増え、賃金が上昇するだろう。さらには、物価も上昇するだろう。これが、金融緩和政策に期待される事柄だ。

マネーストックは増えていない

マネタリーベースとマネーストック（M3）の対前年伸び率の推移を示すと、図表10－1のとおりである。異次元金融緩和政策の導入によってマネタリーベースの伸び率が著しく高まっていることが分かる。

問題は、マネーストックが増えたかどうかだ。図表10－1でははっきり分からないので、2012年1月からの期間についてM3の平均残高の推移を示すと、図表10－2のとおりである。

図表 10-1 マネタリーベースとマネーストック(M3)の対前年伸び率

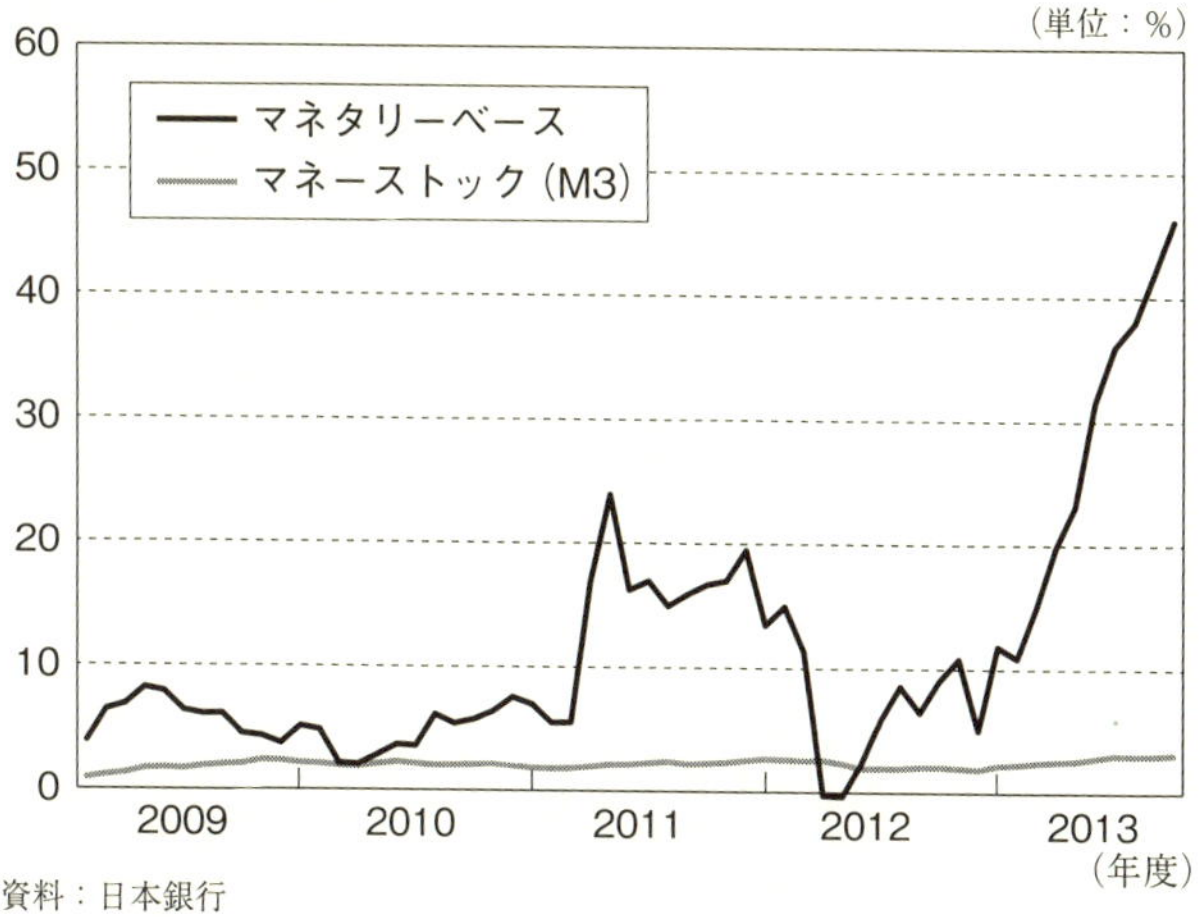

資料：日本銀行

13年6月以降、M3平均残高は、ほとんど増加していない。10月の残高は、6月の残高の0・35%しか増えていないのである。

この2年間の推移をおおざっぱに言えば、「12年12月と13年4月にジャンプし、それ以外の月ではほぼ一定」ということだ。なお、13年12月に残高が増えているが、12月に増えるのは、毎年のことだ。こうした季節変動を除いた数字で見ると、13年12月に格別増えたとはいえない。

また、異次元緩和措置以降、マネーストックの増加額は、マネタリーベースの増加額に及ばない状態が続いている。

結局のところ、「異次元金融緩和政策は空回りしている」と言わざるをえない。ところで、こうなるのは意外ではない。

図表 10-2　マネーストック(M3)平均残高の推移

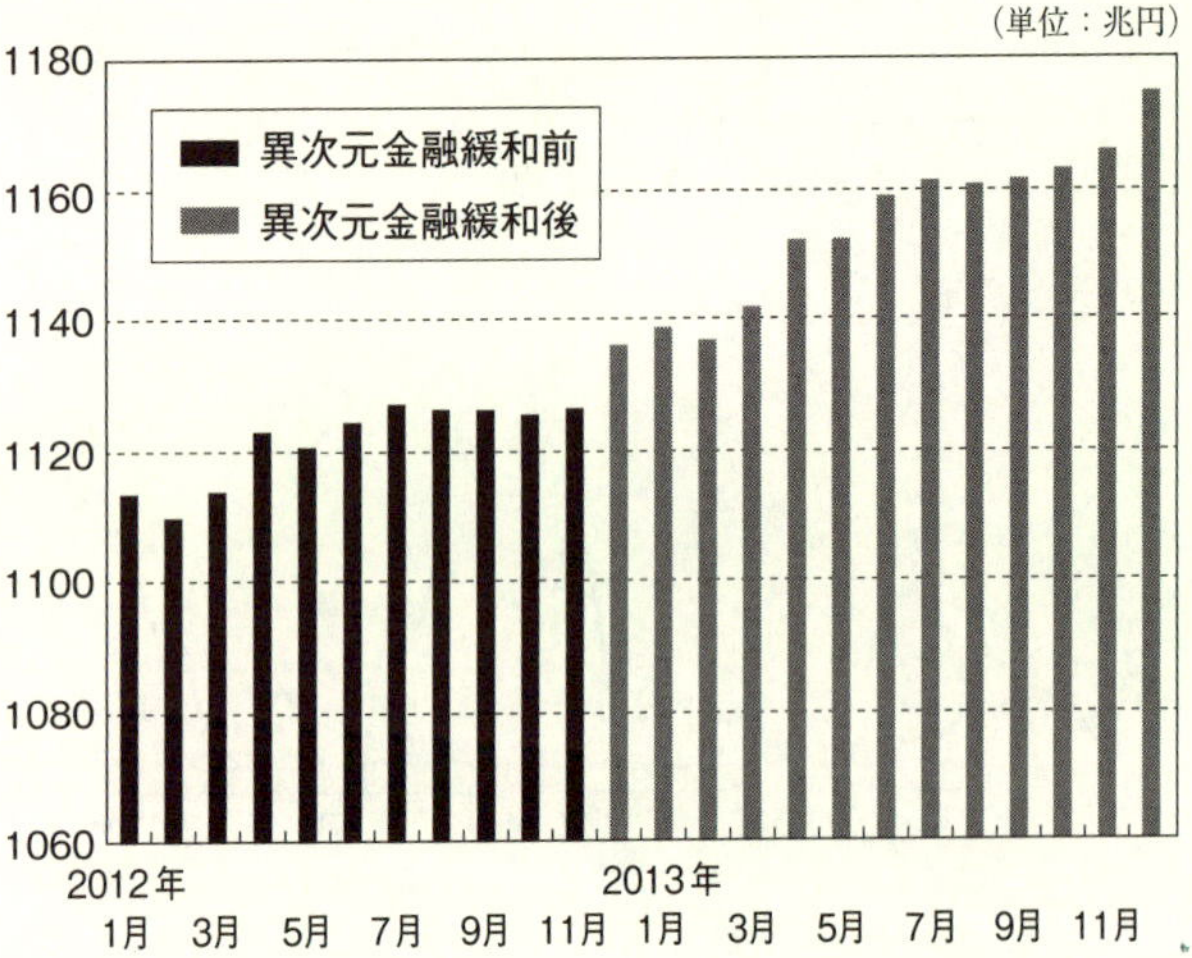

資料：日本銀行

金融緩和を行なってもマネーストックが増えないのは、あらかじめ予測されていたことだ。

日銀は過去にも金融緩和政策を行なっている。まず、01年3月19日から06年3月9日まで、「量的緩和政策」が実施された。しかし、マネタリーベースは増えたものの、マネーストックは増えなかったのである。マネタリーベースは、01年1月の68兆円から04年1月の１０８兆円まで、59％も増加した。しかし、マネーストック（Ｍ２）は、この間に６４０兆円から６８３兆円へと、６・７％しか増えなかった。マネタリーベースの伸びは大きく高まったものの、マネーストックの伸びは低迷を続けた。

日銀は、10年に「包括的金融緩和政策」という緩和政策を導入した。しかし、このときも、同様のことが起こった。つまり、マネタリーベースは増えたが、マネーストックは増えなかったのである。

すでに述べたように、金融緩和政策が効果を発揮するには、マネタリーベースの増加がマネーストックを増やさなければならない。量的緩和政策や包括的金融緩和政策を実行して明らかになったのは、「必ずしもそうはならない」ということだ。つまり、「日銀が金融緩和をしたくとも、できなかった」のだ。マネーストックは政策当局が自由に動かせるものではなく、経済条件の変化によって受動的に動いているのだ。

マネーストックが増えないのは、銀行の貸し出しが伸びないためである。貸し出しが増えないために預金も増えず、したがってマネーストックも増えないのだ。貸し出しが増えないのは、企業に資金需要がないからである。資金需要がないのは、あとで述べるように、設備投資意欲がないからだ。このような経済条件の下でマネタリーベースを増やしても、経済活動に影響を与えず、「空回り」してしまうのである。

マネーストックはGDP成長率に影響しない

マネーストックの伸びそのものより重要なのは、マネーストックの伸びが実体経済に関係していないことだ。

これも、これまでの緩和政策のデータではっきり示されている。量的緩和政策が導入されたことによって経済成長率が高まることはなかった。他方で、2006年に量的緩和策は終了したが、GDP成長率は06年7〜9月期に若干落ち込んだことを除けば、格別の影響を受けなかった。

リーマンショックでGDP成長率は大きく落ち込んだ。しかし、マネーストックの伸び率は、このときにとりわけ大きく減少したわけではない。

10年においては、GDPの成長率はかなり高くなった。しかし、マネーストックの伸びが格別高まったわけではない。10年に導入された包括的緩和で、マネーストックは増えた。しかし、GDP成長率はむしろ低下した。12年前半においては、GDPの成長率はふたたび高くなった。しかし、マネーストックの伸びが格別高まったわけではない。

そして、異次元緩和措置の導入後、GDP成長率はむしろ低下している。しかも、GDPの成長は、設備投資や個人消費ではなく、公共事業に支えられている。

以上は、金融緩和が実体経済に影響していないことの証拠だ。

2　動かない実体経済

株価が上昇しただけ

金融緩和が必要だとする論者の主張によれば、人々の期待が好転すれば、経済活動は上向くという。現実にそうなっているだろうか？

たしかに、株価に対しては、期待の効果は働いた。日経平均株価は、2013年に50％程度上昇した。「円安が進行すれば、輸出関連企業の利益が増加する」という期待に基づくものだ。

株価や為替レートは、しばしば実体経済の動向から乖離《かいり》する（このような文脈での実体経済は、しばしば「ファンダメンタルズ」と呼ばれる）。

株価や為替レートは資産価格であり、「期待」、つまり将来の見通しに直接に影響される。なんらかの理由によって将来への期待が好転すると、ファンダメンタルズに何の変化がないにもかかわらず、価格が上昇することがある。価格上昇がさらに需要を増やし、投機的な取引も増えるので、ファンダメンタルズから乖離した価格上昇が続く。これが、「バブル」だ。

13年における株価上昇にバブル的要因が大きかったことは、次に述べるように、いくつかの点で確かめられる。

第1に、教科書的な議論では、金融が緩和されると、金利が低下し、資金が海外に流失するので円安になるとされる。しかし、円安は自動車など、売上中の輸出の比率が高く、他方で原価における輸入原材料の比率が低い産業の利益は増やすが、原価における輸入原材料の比率が高い産業の利益は減らすように働くはずである。しかし、後者の産業に属する企業の株価も上昇した。

第2に、仮に株価上昇が生産性向上や需要増加など実体的企業活動の改善に裏付けられていたのであれば、株価の乱高下は起こりにくいはずだ。しかし、13年5月に株価は大きく下落し、その後も乱高下を続けた。これは、株価が脆弱な基礎の上に立っていることを示している。日本の株式市場は、企業の業績を評価するのではなく、為替レートの行方を当てるマネーゲームを繰り広げるだけの市場になってしまっている。

なお、「安倍内閣の金融緩和政策によって円安が進んだ」と言われることが多い。しかし、この見方は間違っている。

第1に、すでに述べたように、異次元金融緩和政策によってマネーストックがそれまでより増加したわけではなかったので、金融緩和政策が為替レートに影響を与える余地はなかったはずである。

第2に、ドルに対して円が安くなったのは、12年11月ごろからのことである。これは、安倍内閣が発足するより前のことだ。ユーロに対しては、秋口から円安が始まっている。これらは、ユーロ情勢の変化によって引き起こされた国際的投資資金の動きによって引き起こされたものだ。それに加えて、安倍内閣の拡張的経済政策に対する期待が膨らんだため、投機的な動きを引き起こしたのだ。そうだとすれば、為替レートにもバブル的な要素があると言える。

設備投資は増えず、輸出数量は減少

アベノミクスの真の問題は、株価を上昇させただけで、実体経済を改善しなかったことである。

円安が進み株価が高騰したにもかかわらず、実体経済の動向ははかばかしくない。とりわけ重要なのは、賃金や設備投資が反応していないことだ。また、輸出数量が増大せず、貿易赤字は拡大を続けた。実体経済は、期待が変化しても、それによって直接に動かされることはないのだ。

設備投資は期待に反応してもよいはずだ。しかし、実質民間企業設備は、顕著に増加しているわけではない。年ベースの計数でみると、実質民間企業設備の伸び率は、2011年の4・1%、12年の3・7%から、13年にはマイナス1・4%と大きく低下した。

設備投資は、将来の生産、雇用、所得の源泉になるものだから、重要な経済変数である。金融緩和がなされるのも、金利を低下させて設備投資を増やすのが重要な目的だ。したがって、この動向こそ重要なのだが、それがいっこうに好転していない。

賃金の動向は、すでに第8章で見たとおりである。

また、これも第8章で見たとおり、貿易赤字が拡大し続けている。

貿易統計では、数量指数と価格指数が算出されている。数量指数は、実質輸出や実質輸入に近い。価格指数は、現地価格と為替レートに影響される。原油や食料品などを除けば、現地価格はそれほど大きく変化しないので、1年程度の期間に関するかぎり、価格指数に最も大きな影響を与えるのは為替レートだ。

輸出数量指数は、12年6月以降、対前年比はマイナスだ。円安にもかかわらず、輸出数量は対前年比で大きく落ち込んでいるのである。これは、輸出量に対して円安の効果が働いていないことの結果だ。

このため、円安や株価上昇から利益を得ることがあまりない中小企業にとっては、厳しい状態が続く。そして、円安によるコストアップが経営を圧迫する。だから、仮に今後株価がふたたび上昇したとしても、実体経済の状態は改善されないだろう。

実体経済が改善するのは、長期的に言えば、日本に生産性の高い新しい産業が生まれ、縮小する製造業に代わって雇用の受け皿になる場合だ。それこそが、日本を再生させる唯一のルートだ。そして、これは、金融政策によって実現できることではない。この問題については、第11章で論じる。

経済の好循環は生じていない

政府・日銀は、「経済の好循環が始まりつつある」としている。「好循環」とは、政府による需要追加策や輸出などの外生的需要の増加がなくとも、消費や投資といった国内需要項目が、互いにほかの増加を強め合って、自律的かつ継続的に増加を続けることだ。

しかし、実際に生じているのは、これとはまったく異なる姿である。

仮に経済の好循環が始まっているのだとすれば、つぎのようなことが観測されるはずである。

（1）実質所得が増えて、実質消費が増える。
（2）金利が下がって、設備投資や住宅投資が増える。
（3）円安によって、輸出が増え、輸入は抑制される。この結果、純輸出が増大する。

ところが、以上のような変化は起こっていないのである。最も重要なのは、（1）の変化が生じていないことだ。第8章で見たように、賃金は上がっていない。問題は雇用構造であり、産業構造なのである。

このことは、政策を考える際に重要な意味を持つ。「デフレからの脱却のために金融緩和が必要」という議論があるが、前述のメカニズムを考えれば、まったくナンセンスであることが分かる。金融政策をいかに緩和したところで、この過程に影響を与えることはできない。

3 目標も手段も間違っている

消費者物価上昇率を目的にするのは誤り

本章の冒頭で述べたように、日本銀行は、消費者物価上昇率を2％にすることを目的としている。これは、デフレが経済を停滞させているとの認識に基づくものだ。

しかし、第8章の**3**で述べたように、この認識は誤っている。消費者物価上昇率目標が達成されたところで、日本経済が活性化することはない。

活性化しないだけではない。消費者物価上昇率が上がれば、家計の実質所得は減少し、実質消費は減るだろう。これは、2013年7〜9月期のGDP統計において、実際に観測されたことである。消費者物価が上昇したために、実質家計消費の伸び率は鈍化したのだ。

リーマンショック以後の日本経済の成長を支えてきたのは、実質消費の伸びである。そして、これが実現されたのは、消費者物価が下落したからである。その状況が変化しつつある。

円安は、貿易赤字を拡大させ、企業利益を圧迫する

2012年秋以降の日本経済の動きは、ほぼ円安によって規定されている。したがって、円安の評価を行なっておくことが重要だ。

これまでの通念によれば、円安になれば貿易収支が改善する。しかし、現在のような状

況下では、円安は貿易赤字を拡大してしまうのである。

簡単化のため、輸出量、輸入量は固定されているとしよう。この場合、輸出入価格はドル建てで固定されているとすれば、円安によって輸出入額は同率だけ増加する。ところが、貿易収支が赤字である場合には、輸入額の増加のほうが輸出額の増加より大きい。したがって、貿易収支は悪化する。貿易収支の赤字を拡大させないためには、円高になる必要がある。

企業の段階でも、企業全体としては、円安で利益が減ることになる。これまでの日本の株式市場では、円高になると株価が下がり、円安になると株価が上昇した。それは、企業利益が円高で減り、円安で増大すると考えられたためだ。たしかに、貿易収支が黒字の場合には、そうなる。

しかし、貿易収支が赤字の場合には、それが逆になるのである。円安による輸出額の増加より、輸入原材料額の増加のほうが大きくなるからだ。このことは、ただちには認識されないかもしれない。しかし、貿易赤字が継続すれば、徐々に認識されるようになるだろう。

以上で述べたことは、経済政策に関しても、重大な通念の変更を迫る。これまでの日本では、金融緩和をすれば円安になり、これが企業の利益を全体として増やすと考えられたので、歓迎された。しかし、今後は、それが逆になるのだ。

石油ショック時の経験に学ぶ必要がある

円高が日本人を豊かにすることは、原油価格について、はっきりと表われている。原油価格は2009年1月初めの1バレル34ドルから11年4月末の121ドルまで、4倍近くに上昇した。しかし、日本の原油・粗油の輸入単価は、この間に2・15倍にしか上昇しなかった。

これは、円高の影響が大きい。円高になったために、日本人は世界的な石油価格高騰の影響からかなり隔離されたのである。このことは、日本ではあまり評価されていなかったのだが、たいへん重要なことだ。

東日本大震災以降、発電が火力発電にシフトしたため、LNGなどの発電用燃料の輸入が増えた。それにもかかわらず、2012年ごろまで日本経済全体としてこれが大きな負担にならなかったのも、円高のおかげだ。しばしば、「円高が震災からの復興を阻害する」と言われたのだが、実際にはまったく逆で、円高が日本経済を助けたのだ。

しかし、12年秋からの円安で、この効果が帳消しになってしまった。13年になって消費者物価が上昇に転じたが、これは、円安によって電気料金やガソリン価格などが上昇したことによるものである。

今後もLNGなどの発電用燃料の輸入は増えるので、国内価格上昇を招かないためには、これ以上の円安を食い止める必要がある。貿易赤字の拡大を食い止めるためにも、それが必要なのである。

以上で述べたことは、机上の空論でなく、1970年代の石油ショック時に実際に生じたことだ。石油ショック後に、日本は金融引き締めを行ない、公定歩合が9％にまで引き上げられた。このため、為替レートは円高になり、石油価格上昇の影響が日本では緩和された。石油ショックに日本がうまく対応できた大きな理由はここにある。

イギリスでは、日本と逆のことが起こった。ポンドが減価し、これによってイギリス国内では、石油価格の上昇がきわめて深刻な問題となったのである。しかも、ポンド安がイギリスの貿易収支を悪化させた。このため、イギリスは、インフレのなかで失業率が上昇するという「スタグフレーション」に陥った。イギリス経済はそれによって疲弊し、20年間そこから脱却することができなかった。日本はこの当時のイギリスの経験を繰り返してはならない。

第11章

未来を拓くために必要なのは何か？

アベノミクスが答えにならないとすれば、日本経済再構築をいかにして実現すればよいのか？　本章では、これについて考えることとする。

新しいリーディング・インダストリは、市場の試行錯誤と競争のなかからしか生まれない。したがって、政府が成長の道筋を示すことはできない。新しい経済を実現するのは、企業であって、政府ではないのだ。

◇◇◇◇◇◇◇◇◇◇◇◇◇◇◇◇◇◇

1　何を目指してはいけないか？

経済法則に逆らってはいけない

日本の将来を考えるにあたって最も重要な原則は、「経済法則に逆らってはいけない」ということだ。

これまで日本がとってきた経済政策は、経済法則に逆らうものだった。１９９５年に円高が進行して自動車を中心に輸出が減少したとき、為替レートを円安に誘導するための為替介入が始まった。２０００年ごろにも円高が生じ、金融緩和が行なわれた。さらに、第5章で述べたように03年から大規模な為替介入が行なわれて、円安が進行した。

このような介入によって円安が進み、古い産業が生き延びてしまったのである。本来は、世界経済の構造変化に対応して、産業構造改革という手術をするのが、経済法則に従う政策だった。しかし、日本は、円安という麻薬を飲んでごまかし、経済法則に逆らってきた。20年もの間、対処を怠ってきたのだ。

ところが、円安になったにもかかわらず、第8章で述べたように、製造業が雇用を減らした。つまり、円安政策で逆らったにもかかわらず、経済法則は貫徹してしまったのだ。そして、賃金の低い部門が雇用を引き受けた。だから、全体の所得が落ちた。これが1990年代以降の日本の衰退過程である。

今また円安が進行している。これによって、経済構造の改革がふたたび停滞する恐れがある。

製造業の復活を望むのは間違い

アベノミクスの成長戦略の基本は、製造業を復活させようというものだ。そのために、法人税減税などを行なおうとしている。そして、海外移転を食い止めるような施策が考えられている。これは、製造業の海外移転が国内雇用の減少を引き起こすと考えられているからだ。

しかし、新興国の工業化が今後もさらに進展することを考えれば、先進国において製造業の比重が低下するのは、不可避である。このことを、経済法則として認めなければならない。

しかも、日本では東日本大震災以降、電力コストが上昇している。これによって生産拠点の海外移転が加速し、国内の雇用減も加速することとなるが、海外移転自体も経済法則に従う必然の動きなので、止めることはできない。したがって、製造業の雇用が減少することも不可避だ。

日本経済のこれまでの成長モデルであった輸出立国モデルは破綻しており、部分的に修復しても、かえって事態が悪化する。それにもかかわらず、「ものづくりこそ経済活動の基本であって、サービス産業はそれを支える補助的なもの、だから経済の主役になることはできない」、「日本を成長させたのは製造業だから、新興国の製造業とも競い勝たなければならない」と考えている人が日本には多い。

しかし、貿易が可能な世界においては、これは間違った考えだ。新興国が工業化したことを踏まえて、先進国の比較優位がどこにあるのかを考えることが必要である。それが、経済法則に従う考え方である。

もちろん、製造業の縮小が進めば、雇用が失われる。それだからこそ、新しい産業が成長する必要があるのだ。

投資主導は間違い

安倍晋三内閣総理大臣は、今後3年間を「集中投資促進期間」とし、年間70兆円の設備投資を回復したいとした。2013年6月に閣議決定された日本再興戦略のなかでは、投資減税を検討する旨が表明された。法人税減税を求める声も大きい。

13年後半以降の日本経済は、従来型公共事業のバラマキによって支えられている。投資依存で経済成長をはかろうとする考えの最たるものが、オリンピックを契機として公共事業を増やそうというものだ。これは、1964年の東京オリンピックのために公共投資が行なわれたことを再現しようというものだ。

60年代の日本ではこうした方策が有効に機能したが、それを現在の日本に当てはめようとするのは、まったく間違いだ。わずか数週間の需要のために巨額の投資を行なえば、将来に向かって大きな重荷を残すことになるだろう。

年間70兆円の設備投資という安倍内閣の目標は、実現できないことではない。ただ、そうしたことが本当に必要かどうかを考える必要がある。

非製造業の国内投資を増加させる必要はあるが、製造業の国内投資を増やすべきかどうかは、右に述べたことを考慮すれば、大いに疑問だ。

アジアに売ろうとするのは間違い

日本経済にとって、新興国とどのような関係を樹立するかは、重要なポイントだ。経済法則が示す答えは、日本の比較優位を正しく認識し、新興国との間で分業関係を確立することだ。しかし、これとは逆方向が提唱されることがある。

『通商白書2010』は、アジアの中間層をターゲットにすべきだとした。その理由は、数が膨大なことだ。2009年において中間層は8・8億人おり、今後10年間に2倍超に増加すると言う。

新興国の成長率が高いこと、膨大な数の消費者が存在することは、まぎれもない事実である。しかし、だからといって新興国市場に最終消費財を販売しようとすることが最適な戦略とは言えない。

その理由は、「中間層」と呼ばれる人々が、じつは貧しい人々であることだ。『通商白書2010』によれば、アジアの中間層とは「世帯年間可処分所得が5000ドル以上3万

5000ドル未満の所得層」である。

ところが、中間層の85%を占める7・5億人の可処分所得は、1万5000ドル未満なのである。1ドル＝100円で換算すれば、中間層とは年間所得が50万円から350万円の所得層であり、そのうち大部分は150万円未満だ。つまり、月収12万円程度である。これは、日本の生活保護世帯の所得よりかなり低い。

こうした消費者層に向けた製品は、30万円の自動車や1万円未満の冷蔵庫といったものにならざるをえない（インド・ゴドレジ財閥の家電大手が開発した「チョットクール」という超低価格冷蔵庫は、6000円台で発売された）。そうしたものを日本の高い賃金で製造して売っても、利益が出るはずがない。

それに、低価格製品はいわゆる「コモディティ」である。つまり、価格以外に差別特性がないので、激烈な価格競争に巻き込まれる。競争相手となる企業は、第4章で見たように、すでに多数存在する。アジアの消費市場において、日本企業はむしろ後発組だ。

新興国に対しては、売るのではなく、その労働力を使うビジネスモデルを確立することが必要だ。製造業の海外移転は、この観点から見て正しい方向だ。したがって、それを阻止すべきではない。国内の雇用は、別の方法によって維持されなければならない。

2　何をやってはいけないか？

古いものを守ってはいけない

多くの人が考えている日本再生は、基本的には高度成長期の産業構造を復活させようという方向である。それは、円安政策や安倍内閣の成長戦略に限られたものではない。

エコカー補助やエコポイントによって自動車や電機産業を補助し、また雇用調整助成金によって、企業が抱える過剰雇用の維持をはかることも行なわれた。

これらが現存産業維持のための政策であることは明白だが、一見してそう見えないものでも、現状維持のためのものであることが多い。

TPP（環太平洋経済連携協定）は、その代表である。一般には貿易自由化のためのものと理解されているが、実態は経済ブロック化計画である。TPPによって利益を受けるのは従来型の輸出産業であり、これによって新しい産業が生まれるわけではない。

法人税減税もそうである。新しく誕生する企業は利益が出ないのが普通だから、法人税減税から利益を受けることはできない。これは既存企業の負担を軽減するだけだ。

これらの政策は、これまでどおりのビジネスモデルを継続したい企業の立場からのものだ。そして、すでに雇用されている人々が失業しないための措置だ。こうした政策によって、経済構造の変革が阻止される。これによって被害を受けるのは、若者たちだ。

政治は、現に存在している産業を生きながらえさせようとするバイアスを持っている。このため、市場のシグナルが改革の方向を示しても、政府が介入して市場メカニズムの作用を抑えてしまう。これまで20年間の日本の経済政策は、政策によって市場のシグナルをゆがめ、市場が示すのとは逆の方向を目指し続けてきた。つまり、経済法則に抵抗し続けてきたのである。

政治が現状維持に傾くのは、やむをえない面もある。現在支配的な産業や企業は政治に強い圧力を加えられる半面で、いまだ存在しない産業は政治的発言力を持たないからだ。このバイアスを打破するのは、世論でしかありえない。

政府がブループリントを描くことはできない

新しい産業は、マーケットの試行錯誤から生まれる。だから、どのような産業が将来の日本のリーディング・インダストリになるかをあらかじめ予測することはできない。ましてや、政府が将来への進路を指導したり、ブループリントを描くことはできない。事実、アップルやグーグルがアメリカをリードする企業になろうとは、１９９０年代初めには、誰も予測できなかった。

新しい経済を実現するのは、企業であって政府ではないのである。もちろん、市場のシグナルがつねに正しい方向を示しているとは限らない。しかし、政府の判断が市場より優れている保証もない。実際には、政府の判断が誤っている場合のほうが多いのである。事業に関して必ずしも専門的知識を持っているわけではない役人が、変化の激しい産業の動向を適切に把握できないのは、当然のことだ。エルピーダメモリ救済の失敗は、それを明確に示している。

それにもかかわらず、日本の経営者は、日本経済が悪化するのは政府に成長戦略がないからだと言う。こうしたことが言われるのは、日本の企業が政府の施策に依存するようになった証拠だ。

ただし、以上で述べたことは、政府が未来に対して責任を負っていないことを意味するものではない。政府には重要な役割がある。それは、社会秩序を維持し、社会的インフラを整備することだ。それなしには、いかなる経済活動もありえない。社会基盤を作るのは、政府の重要な仕事である。それは、成長戦略を描くよりずっと重要なことである。政府は、そうした活動に全力を集中すべきだ。

3　何を目指すべきか?

高度サービス産業の構築

これまで何度も述べてきたことを、もう一度繰り返そう。製造業の縮小を止めることはできない。だから、製造業に代わって雇用を引き受ける産業を国内に作ることが必要だ。日本でこれまでその役割をになってきたのは、サービス産業であった。しかし、それが介護などの賃金水準が低い分野であったために、経済全体の所得が低下した。したがって、日本全体の所得水準を高めるには、生産性の高いサービス産業が雇用を引き受けなければならない。

では、どのような方向を目指すべきか? これにはモデルがある。

第3章で述べたように、製造業の縮小自体は、アメリカやイギリスでも顕著に生じた。

それにもかかわらず経済全体の所得が増えたのは、生産性の高いサービス産業が発展したからだ。

第3章で見たように、イギリスでは金融業、アメリカやアイルランドではIT関連サービス業や金融業が成長し、縮小する製造業からの雇用の受け皿となった。さらに、コンサルティング、会計、法律の専門サービスなども成長した。これらは製造業より賃金水準が高いので、経済全体の賃金が上昇した。そして、アメリカ、イギリス、アイルランドが、1990年代に黄金期を経験したのだ。

したがって、日本において高度なサービス産業を発展させ、雇用を創出することが、今後の重要な課題だ。そうしたサービス業が成長することにより、さまざまな付帯サービスが必要となり、雇用が経済全体として増加するだろう。

まず、金融サービスの発展が考えられる。ただし、これまで日本国内で行なわれていた間接金融を延長することでは、飛躍的な発展は難しい。アジア新興国の工業化に対して、直接金融のチャネルで設備資金を供給することを考えるべきだ。その際、日本が資本輸出国であることを利用すべきだ。つまり、日本国内の貯蓄の活用を考えるべきである。たとえば、日本の証券取引所へのアジア新興国企業の上場を促し、そのための支援サービスを提供することなどが考えられる。

あとで述べる高齢者のストックの活用においても、金融サービスが必要になる。

また、対外資産の活用が重要な課題だ。現在、対外資産の運用利回りはきわめて低い。この向上をはかるべきだ。

さらに、対ビジネスサービスがある。データ処理、コンサルティング、会計、法律の専門的サービスなどだ。従来、日本の大企業ではこうしたサービスを自社内で供給している。しかし、中小企業が増えれば、こうしたサービスを社外から購入することになるだろう。また、ITを活用した流通業の生産性向上も考えられる。

ところで、「イギリスが金融業で復活したのは、シティが長らく世界の金融センターとして機能してきたからであり、他の国では金融立国は難しい」との意見があるかもしれない。確かに、シティの活動を中心とするさまざまな社会的インフラストラクチャーは、イギリスの復活に重要な役割を果した。しかし、アイルランドは、それまでさしたる金融活動がなかったにもかかわらず、金融業が主要な産業になった。イギリスの場合にも、従来からあるマーチャントバンクが中心となって金融立国したわけではない。第3章の**3**で述べたように、マーチャントバンクが駆逐され、海外からの金融機関が入ってきたために、新しいタイプの金融業が発達したのだ。アイルランドの場合も、金融機関は海外から流入した。

シンガポールはいまやアジアの金融センターとして確固たる地位を占めているが、それほど古い歴史的基盤をもつわけではない。また、その成否はいまだ定かでないとはいえ、ドバイ国際金融センターのように、金融業の基盤がまったくないところに金融センターを作ろうとする試みもある。

日本が金融立国する場合も、日本の金融機関が主役になる必要は必ずしもない。それよりは、日本を世界に向かって開くことの方が重要である。

製造業の新しいビジネスモデル(1)——水平分業

製造業においては、グローバルな水平分業に向けてのビジネスモデルの転換が必要だ。これまで日本の製造業は、新興国製造業と同じ分野で競合し、低賃金労働による低価格製品に敗れてきた。この方向を転換し、新興国企業との分業関係を築くのである。

そのモデルは、アップルが提供している。すなわち、世界中のメーカーから部品を調達し、最終組み立てはEMS（第4章の3参照）に委託する方式だ。アップルは、製造工程を自社内に持たず、企画・設計と販売に集中している。このため高収益が可能となるのだ。

この方式は、市場を通じた流動的な関係であるという意味で、系列メーカーとの間での固定的な関係である垂直統合生産とは異なる。

これによって、ファブレス化、すなわち、工場を持たない製造業が可能となる。これは、新興国が工業化した世界において、先進国の製造業が歩むべき方向を示している。このように変身した製造業は、サービス産業とあまり変わらなくなる。製造業とサービス産業という区別が、あまり重要な意味を持たなくなるのだ。

水平分業が可能になるのは、部品の互換性と規格化が進んだからである。これまでは電機産業で典型的に進んだが、製造業の他の分野に及ぶ可能性が高い。自動車産業は部品の規格化が進まないために、いまだに垂直統合生産が支配的だ。しかし、EV（電気自動車）の生産が増大すれば、世界的な水平分業化が進展する可能性が高い。

製造業の新しいビジネスモデル（2）——製造業とサービス産業の中間

ビル・エモットは、『なぜ国家は壊れるのか』（PHP研究所、2012年）のなかで、日本とイタリアは共通の誤りを犯しているという。それは、新興国の工業化という1990年代の大転換に対応できず、旧来型の製造業から抜け出せなかったことだ。日本もイタリアも、80年代までは経済が急速に成長した。しかし、90年代以降成長が止まった。

ただし、彼は、イタリアには、停滞から抜け出したセクターもあることを指摘している。それは、製造業のなかでも、研究開発・デザイン、販売などに重点を絞っている企業だ。ここでも、製造業とサービス業という区別があまり重要なものではなくなり、両者の中間的な存在が重要性を増している。そうした活動で成長した都市として、北部のトリノを挙げている。これも、日本にとってモデルになる。

IBMが「ソリューション」と称してサービスを売ることに転換したのも、同じ方向へのビジネスモデルだ。グーグルも、従来の広告業とはまったく異なる存在であり、検索サービスの技術を基盤にしている。

単なるものづくりから得られる付加価値が急速に低下し、企画、研究開発、設計、マーケティングなどが、製造業においても重要な位置を占めるようになったのだ。こうした活動の利益率が高いというのは、「スマイルカーブ」の理論として言われてきたものだ（横軸に企画からマーケティングに至る工程をとり、縦軸に収益率をとると、笑ったときの口の形に似たU字型の曲線になることから、このように言われる）。これは、アップルのビジネスモデルとも同じものだ。

高齢者の需要を開拓する

日本の場合にいま1つ重要なのは、国内の人口構造の変化によって生じる新しい需要に対応することだ。

「人口が減少するので、国内需要が減る」と言われるが、そんなことはない。若年層人口が減少したため、住宅や自動車などの従来型の需要が減少したのは事実だ。しかし、他方で、高年齢層の人口は絶対値で見ても増加しているため、医療や介護の需要は増える。

これらのサービスの価格は上昇しているし、供給が需要に追いついていない。これらは、この分野で需要超過が発生していることを示している。

医療や介護は、基本的には公的保険のなかで対応しようとしているために、こうした事態がもたらされる。市場メカニズムで対応できる余地を拡大すれば、潜在的な需要が顕在化する。さらに、新しいサービスも生み出されることになるだろう。それは、日本経済のなかに新しい成長産業を生むことになるだろう。

ただし、高齢者は賃金所得などのフローの所得を持たない場合が多い。他方で、資産は保有している。ところが、資産が不動産の形態をとっている場合、これを流動化して消費にあてることは難しい。このため、本来は増加すべき高齢者の消費が顕在化しない。

この問題は、金融的に対処可能である。資産を担保として消費資金を融資する仕組みを作ればよい。現在でも「リバースモーゲッジ」という形で、この機能を果たす仕組みは存在する。ただし、広範囲な利用はなされていない。これを利用しやすい形にする金融イノベーションが進めば、高齢者の消費需要は顕在化するだろう。

4 どのように実現するか?

人材育成のために高等教育の充実を

生産性の高い新しい産業が必要と述べた。ただし、それが簡単に実現できるわけではない。実現にあたって最大のネックとなるのは、人材である。生産性の高い分野では、ルーチンワークではなく、つねに新しい状況に即応した判断が要求される。また多くの場合に、高度の専門知識が必要とされる。したがって、そうした能力を持つ人材が必要になる。

新しい産業は、それがサービス産業であれ、新しいタイプの製造業であれ、能力の高い人材を要求する。

グローバルな金融活動の展開のためには、投資銀行的業務のための専門的人材が必要である。また、ファブレス化した製造業も、要は人材である。これまでの製造業のように製造工程でルーチン的作業を行なうのではなく、研究開発・企画やマーケティングなどの分野で、高度の専門知識が必要になるからだ。

しかし、これは、日本が弱い分野である。なぜなら、日本の高等教育がこうした人材を育成してこなかったからだ。とりわけ、ファイナンス分野の専門家育成は、アメリカに比べて決定的に遅れている。

したがって、教育体制の充実が急務である。ここにおいて公的施策のなすべき役割は大きい。前に「投資重視の成長戦略は誤り」と述べたが、それは、工場や道路などの物的施設に対する投資のことである。人的資産に対する投資は別だ。人材投資こそが、将来の成長にとって最も重要な投資である。

日本活性化のために人材開国する

しかし、教育によって人材を育成するのは、容易ならざる課題だ。まず、時間がかかる。その前に、教員の量を増やし、質を高めなければならない。

したがって、教育体制の整備は進めつつも、それと平行して、海外の専門人材の活用を進めるべきだ。とりわけ、中国の人材の活用が有効だ。

外国人を日本の労働市場に入れると、国内の雇用が奪われると危惧する人が、日本には多い。しかし、新しい産業が興れば、国内の雇用も増える。つまり、これは、ゼロサムゲーム（一定の総和を取り合うゲーム）ではないのだ。

図表 11-1　労働人口中の外国人労働者の比率（2008 年）

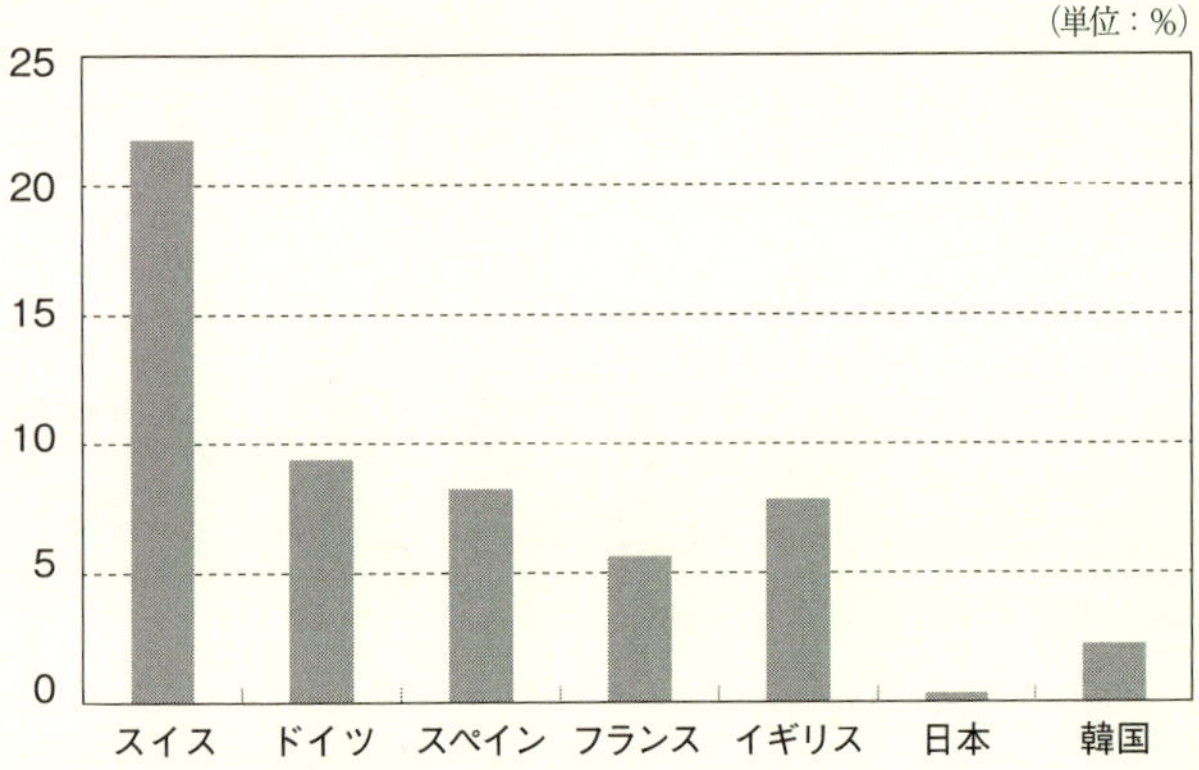

資料：OECD

その実例は、アメリカのIT革命や、イギリスにおける先端金融の発展に見ることができる。IT革命を進めたのは、アメリカ人だけではない。シリコンバレーにいるインド人や中国人が、重要な役割を果たした。イギリスの場合の外国人による金融活動展開は、「ウィンブルドン現象」と呼ばれた。

人材開国によって新興国の専門家人材を日本企業に取り入れることが、日本活性化のキーになるだろう。

ところが、現実を見ると、日本では、外国人労働力に対してほぼ鎖国的としか言えない状態になっている。

図表11－1に示すように、多くの先進国において、総労働者中の外国人労働者の比率は、6%程度である。スイスは21・8%、オーストラ

リア（図には示していない）は20％近い数字になっている。ところが、日本は0・3％弱でしかない。先進国平均の20分の1から30分の1である。韓国が2・2％であることと比較しても、日本の数字は低すぎる。

移民も重要だ。イギリスの人口は日本の約2分の1だが、移民の受け入れは日本の3・2倍であり、外国に出る移民は日本の6・1倍だ。インドからの移民はIT産業へ、フィリピンからの移民は医療分野へ向かっている。

移民の増加によってイギリス人が割を食ったわけではない。ウィンブルドン現象が起こった金融の分野でも、イギリス人が追い出されたわけではない。実際、買収した企業の幹部にイギリス人が就任しているというケースも多い。

このように、イギリスは、世界に向けて開かれた国となっている。日本が島に閉じこもっているのに対して、イギリスは島を取り巻く海を通じて世界と結ばれる海洋国家になっている。こうした開放政策が全世界から優秀な人材をイギリスにひきつけ、1990年代以降のイギリス経済の繁栄を実現したのだ。

「グローバリゼーション」とは、しばらく前から言われている概念だが、日本で言われる場合には、貿易を指すことが多い。この面では、たしかに日本経済はグローバリゼーションを実現している。しかし、人材面でのグローバリゼーションには、日本はまったく立ち後れている。

しかも、制度を変えるだけでは十分でない。外国からの専門人材の導入を進めようとすると、国内の専門家集団が反対するのだ。

「TPPは、経済連携を進めるから重要だ」と言われる。たしかに、一般論としてはそのとおりだ。しかし、連携協定を締結しただけで、実際に連携が進むわけではない。EPA（経済連携協定）で人材招致を決めたところで、国内反対勢力が強ければ実現しない。その典型的例が、外国人看護師の受け入れだ。日本国内の受け入れが積極的にならなければ、いくら連携協定を結んでも、人材開国は進まない。協定を結ぶことが重要なのではなく、日本国内での外国人排斥をなくすことこそが重要だ。

異質なものが現状を変える

外国からの人材の導入は、「外国に支配される」ことではない。「それらに場を与える」ことなのだ。それによる利益は、場を貸した側にも落ちる。まず地代や税・保険料などの直接的な収入がある。それだけではなく、雇用、購買力増加、設備投資などの面での波及効果を期待できる。

これは、立派な経済活動であり、ある意味では最も進んだ経済活動だ。それができる国は、世界にそれほど多くない。日本は、その条件を備えている。専門的人材の開国を実現し、日本経済を活性化することが必要だ。

外国人が必要なのは、経営者についても言える。日本には、経営の専門家としての経営者はいないと言っても過言ではない。日本で経営者と言われているのは、組織のヒエラルキーをのぼり詰めた人間のことだ。彼らは、従業員の代表である。企業内の人的関係は熟知しているが、それだけで経営を行なうことはできない。変化する条件を正しく理解し、それに合わせた企業のビジネスモデルを構築しなければならない。

こうしたことがあるにもかかわらず、日本は、かたくなに外国人を拒否し続けてきた。これまで日本企業にいた外国人は、工場の単純労働者であるか、海外拠点に勤務する現地採用の人たちだった。彼らが本社の経営方針に影響を与えることはできなかった。

しかしこの数年、いくつかの企業が、幹部候補生として中国人などの外国人採用を拡大し始めた。企業の目的は、従業員の多様化である。この傾向が進めば、日本企業の閉鎖性に穴が開き、内向きの企業文化も変わるかもしれない。

ここで注意すべきは、日本企業が有能な外国人を独占できるとは限らないことだ。中国の大学生の就職希望の上位に来るのは、中国の国営企業を除けば、アメリカ企業だ。日本企業はリストの上位には登場しない。さらに採用できたとしても従業員は定着せず、条件のよい別の企業に転職してしまう。しかし、いったん採用したら、定年まで会社への滅私奉公を求めること自体が「日本的」なのだ。外国人をひきつける魅力を持つことを目指すべきである。

日本人が外国人を拒否するのは、「異質なものを排除したい」という感情があるからだ。「外国人であること、異質であること」だけの理由で拒否する。こうしたクセノフォビア（外国人恐怖症）的国民感情を変えることが必要だ。

そして、資本と人材を海外から導入することによって、旧システムの核心を破壊することを考えるべきだ。海外からのものは、異質だから破壊者になりうるのである。オリンパスの不正経理を暴いたのが外国人であったことが、それをよく示している。それがひいては日本経済の活性化につながることを期待すべきだ。

「グローバリゼーションが必要」と、さまざまな機会に言われる。しかし、「グローバリゼーション」とはいったい何であろうか？

日本では、従来、「グローバリゼーションとは、製品が国境を越えて輸出されること」と考えられてきた。しかし、第2章の**2**で見たように、21世紀型のグローバリゼーションにおいては、製品だけでなく、経済活動そのものが国境を越えて水平分業する。

そうした変化を踏まえて、最近の日本では、「英語で仕事ができること」がグローバリゼーションだと考えられることが多い。そうした意味でのグローバリゼーションは、もちろん必要だ。しかし、それだけでよいわけではない。

もっと重要なのは、ここで述べたように、日本国内においても、さまざまな国の人々と共同で仕事を進めることだ。「規制緩和が必要」としばしば言われるのだが、もっとも重要な規制緩和は、外国人労働力に対して門戸を開くことである。

しかし、それに対しては、多くの人が反対する。人材開国は、もっとも重要であるにもかかわらず、実現が最も困難な成長戦略だ。そうした戦略を採用できるか否かが、日本の将来を決めるだろう。

【た行】

【な行】

【さ行】

索引

【数字】

【アルファベット】

【あ行】

講談社現代新書　2261
変《か》わった世界《せかい》　変《か》わらない日本《にほん》
二〇一四年四月二〇日第一刷発行
著者　野口悠紀雄《のぐちゆきお》　
発行者　鈴木　哲
発行所　株式会社講談社
東京都文京区音羽二丁目一二―二一　郵便番号一一二―八〇〇一
電話　出版部　〇三―五三九五―三五二一
販売部　〇三―五三九五―五八一七
業務部　〇三―五三九五―三六一五
装幀者　中島英樹
印刷所　凸版印刷株式会社
製本所　株式会社大進堂
定価はカバーに表示してあります　Printed in Japan

N.D.C. 330　286p　18cm
ISBN978-4-06-288261-3

「講談社現代新書」の刊行にあたって

教養は万人が身をもって養い創造すべきものであって、一部の専門家の占有物として、ただ一方的に人々の手もとに配布され伝達されうるものではありません。

しかし、不幸にしてわが国の現状では、教養の重要な養いとなるべき書物は、ほとんど講壇からの天下りや単なる解説に終始し、知識技術を真剣に希求する青少年・学生・一般民衆の根本的な疑問や興味は、けっして十分に答えられ、解きほぐされ、手引きされることがありません。万人の内奥から発した真正の教養への芽ばえが、こうして放置され、むなしく滅びさる運命にゆだねられているのです。

このことは、中・高校だけで教育をおわる人々の成長をはばんでいるだけでなく、大学に進んだり、インテリと目されたりする人々の精神力の健康さえもむしばみ、わが国の文化の実質をまことに脆弱なものにしています。単なる博識以上の根強い思索力・判断力、および確かな技術にささえられた教養を必要とする日本の将来にとって、これは真剣に憂慮されなければならない事態であるといわなければなりません。

わたしたちの「講談社現代新書」は、この事態の克服を意図して計画されたものです。これによってわたしたちは、講壇からの天下りでもなく、単なる解説書でもない、もっぱら万人の魂に生ずる初発的かつ根本的な問題をとらえ、掘り起こし、手引きし、しかも最新の知識への展望を万人に確立させる書物を、新しく世の中に送り出したいと念願しています。

わたしたちは、創業以来民衆を対象とする啓蒙の仕事に専心してきた講談社にとって、これこそもっともふさわしい課題であり、伝統ある出版社としての義務でもあると考えているのです。

一九六四年四月　野間省一